Das große Buch der FRAGEN und ANTWORTEN

Parragon

Bath • New York • Singapore • Hong Kong • Cologne • Delhi
Melbourne • Amsterdam • Johannesburg • Auckland • Shenzhen

Entwurf & Realisation: David West Children's Books

Illustrationen: Angela & Andrew Harland, Mike Lacey, Sarah Lees,
Gilly Marklew, Dud Moseley, Geoff Pleasance, Sarah Smith,
Stephen Sweet, Mike Taylor (SGA), Ian Thompson

Cartoonist: Peter Wilks (SGA)

Herausgeber: James Pickering

Parragon
Queen Street House
4 Queen Street
Bath BA1 1HE, UK

Übersetzung aus dem Englischen: Heinrich Degen
Lektorat: Berthold Bartel
Projektkoordination: Antje Seidel, Köln
Satz: ce redaktionsbüro, Erkelenz

ISBN 978-1-4454-8218-7

Printed in China

Inhalt

Fragen und Antworten zu

Erde und Weltall

GIBT ES LEBEN AUF DEM MARS?
und andere Fragen zum Weltall

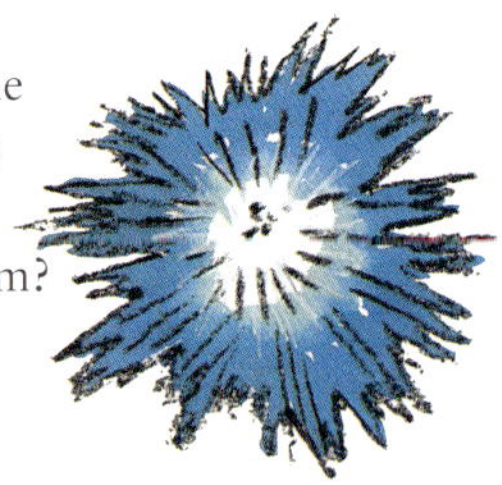

WARUM BEBT DIE ERDE?
und andere Fragen zum Planeten Erde

WIE ENTSTEHEN WELLEN?
und andere Fragen zum Meer

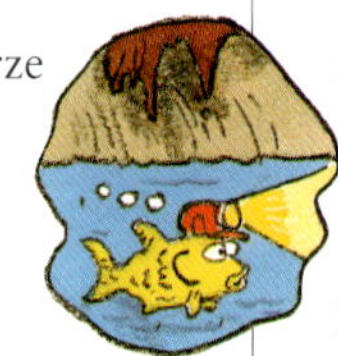

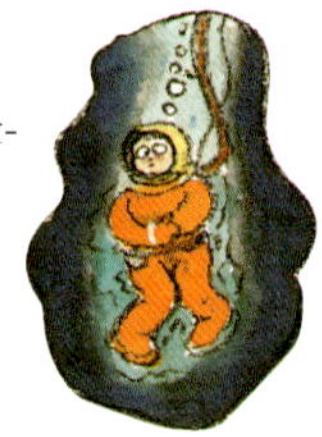

WARUM IST EIN SONNENUNTERGANG ROT? und andere Fragen zum Wetter

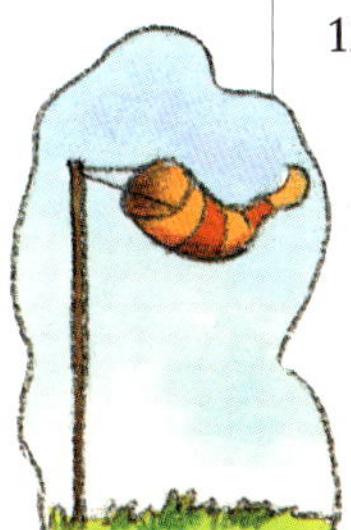

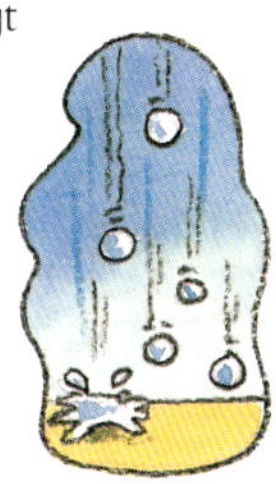

Gibt es Leben auf dem Mars?

und andere Fragen zum Weltall

Wie groß ist das Sonnensystem?

Wie alles andere im Weltall ist auch das Sonnensystem riesig. Vom einen bis zum anderen Ende misst es unglaubliche 15 000 Milliarden Kilometer.

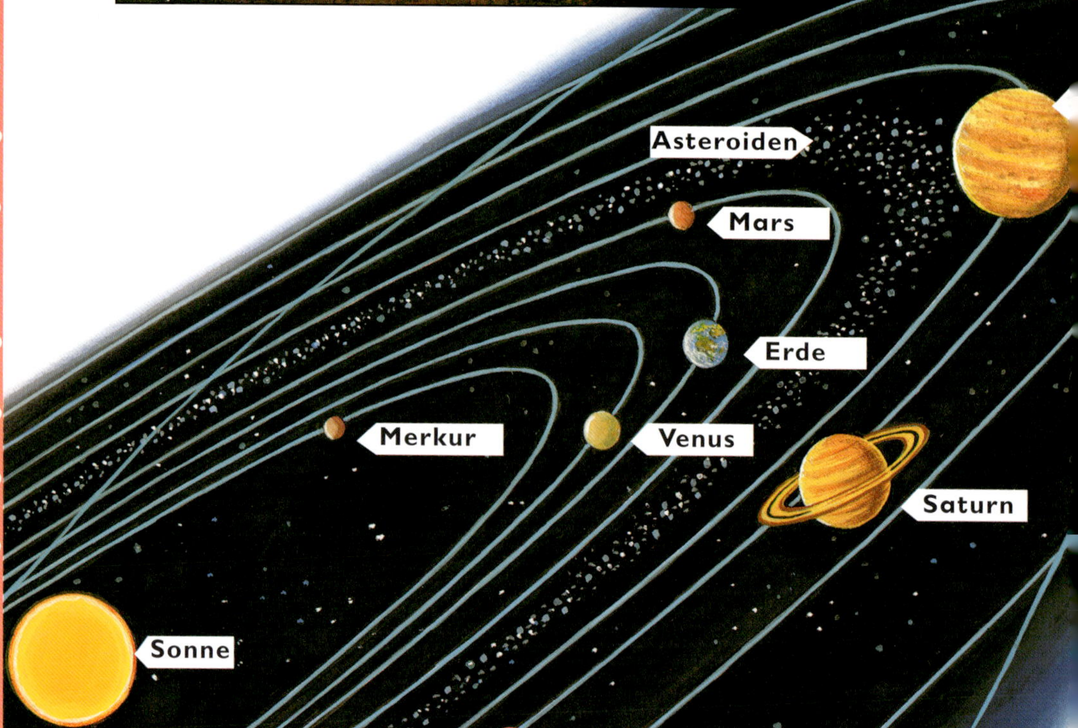

Wie viele Planeten gibt es?

Unser Planet Erde ist einer von neun Planeten, die unser Zentralgestirn, die Sonne, umkreisen. Fast alle Planeten haben Monde, die um sie kreisen. Noch kleinere Himmelskörper, die um die Sonne kreisen, sind die Asteroiden. Die Sonne, die Planeten einschließlich der Monde sowie alle anderen Himmelskörper bilden das Sonnensystem.

Wie alt sind die Planeten?

Forscher haben herausgefunden, dass die Planeten vor 4,6 Milliarden Jahren entstanden sind. Sie bildeten sich aus heftig brodelnden Gas-Staub-Wirbeln innerhalb des Sonnennebels mit der Sonne als Zentrum.

Richtig oder Falsch?

Alle Asteroiden sind winzig.

FALSCH. Manche haben die Größe eines Sandkorns, andere sind größer als ein LKW.

Auch andere Sterne haben Planeten.

RICHTIG. Forscher haben Sterne mit Planeten entdeckt. Aber niemand weiß, ob es Leben auf ihnen gibt.

Welches ist der blaue Planet?

Aus dem All sieht die Erde aus wie eine schöne blaue Kugel mit grünlich-braunen Landflächen und einem zarten weißen Wolkenschleier. Unser Planet ist überwiegend blau, weil er zu fast drei Vierteln von Wasser, den Ozeanen, bedeckt ist.

Was macht die Erde besonders?

Die Erde ist der einzige Planet, von dem wir wissen, dass es dort Leben gibt. Einige Pflanzen und Tiere der Erde könnten ohne Atemluft überleben, Wasser brauchen aber alle. Die Erde ist der einzige Planet des Sonnensystems, auf dessen Oberfläche es – flüssiges! – Wasser gibt.

Warum fliegt der Mond nicht ins All hinaus?

Die Anziehungskraft der Erde wirkt wie eine unsichtbare Leine, die den Mond festhält. Jeder Gegenstand im Universum hat eine Anziehungskraft. Die der Sonne ist so groß, dass sie die Erde und ihre anderen Planeten am Wegfliegen hindert.

Richtig oder Falsch?

Die Erde hat die richtige Entfernung zur Sonne.

RICHTIG. Näher an der Sonne würden wir in ihrer Hitze verschmoren, weiter von ihr entfernt uns zu Tode frieren.

Auf dem Mond gibt es kein Wasser.

FALSCH. Man hat gefrorenes Wasser im Gestein nahe der Mondpole gefunden.

Wie groß ist die Sonne?

Wäre die Sonne ein Basketball, hätte die Erde gerade einmal die Größe eines i-Punkts. Der Durchmesser der Sonne beträgt 1,4 Millionen Kilometer.

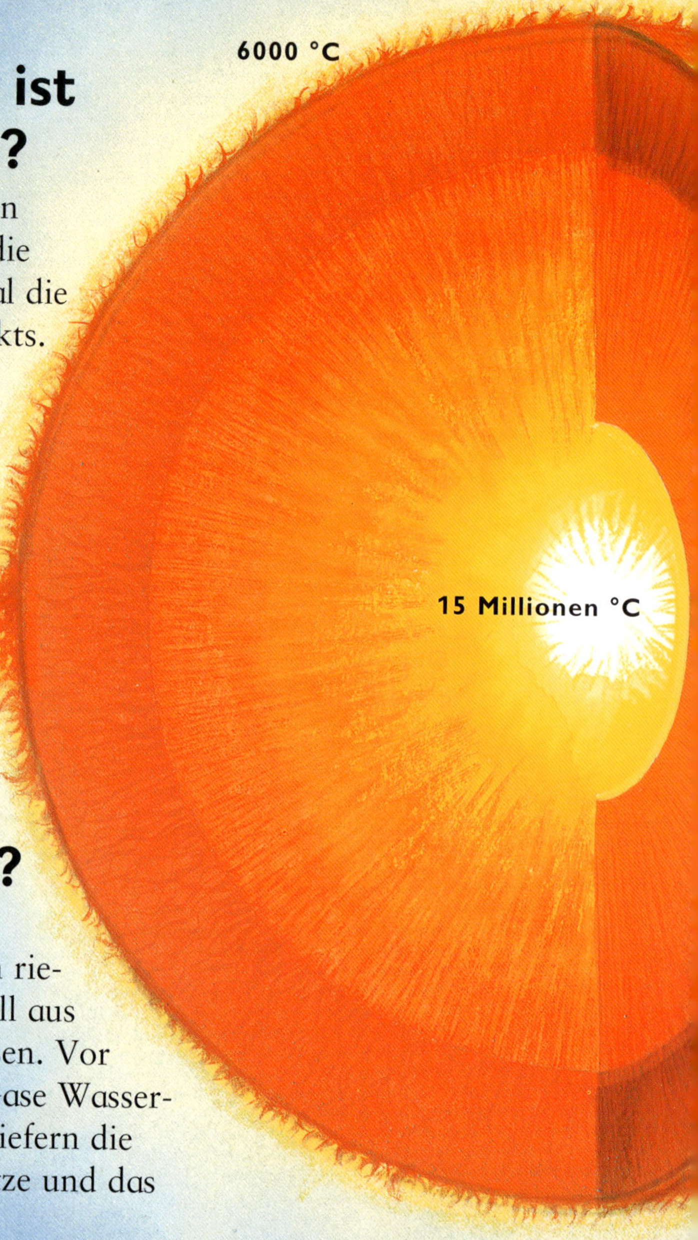

Woraus besteht die Sonne?

Wie alle Sterne ist auch die Sonne ein riesiger glühender Ball aus extrem heißen Gasen. Vor allem die beiden Gase Wasserstoff und Helium liefern die Energie für die Hitze und das Licht der Sterne.

Wie heiß ist die Sonne?

Selbst der kühlste Bereich der Sonne, ihre Oberfläche, ist 6000 °C heiß, das ist 25-mal heißer als ein Backofen. Im Zentrum steigt die Temperatur auf glühend heiße 15 Millionen °C. Die Sonne ist auch sehr hell und ihr Licht ist so stark, dass es einen Menschen auf der Millionen Kilometer entfernten Erde blenden kann. Deshalb darfst du nie direkt in die Sonne schauen, auch nicht mit einer Sonnenbrille vor den Augen.

SCHAU NIE DIREKT IN DIE SONNE. DAS IST SEHR SCHÄDLICH FÜR DEINE AUGEN.

Richtig oder Falsch?

Die Energie der Sonne ist begrenzt.

RICHTIG. Aber sie reicht, so glauben die Experten, noch für weitere 5 Milliarden Jahre Sonnenschein.

Die Sonne hat Flecken.

RICHTIG. Mit Spezialteleskopen erkennt man dunkle Sonnenflecken, die etwas kälter als der Rest der Sonnenoberfläche sind.

Wo ist die Sonne in der Nacht?

Am Abend scheint die Sonne zu verschwinden, denn die Erde dreht sich auf ihrer Umlaufbahn um die Sonne wie ein Kreisel. Eine Umdrehung dauert einen Tag und eine Nacht, ein Umlauf um die Sonne ein Jahr. Die Nacht bricht an, wenn sich die eine Erdhälfte vom Sonnenlicht weg ins Dunkle dreht.

Die Erde dreht sich von West nach Ost.

Warum scheint der Mond?

Monde und Planeten sind nicht so groß und heiß wie Sterne, sie können deshalb selbst kein Licht erzeugen. Unser Mond scheint, weil er wie ein Spiegel wirkt und das Sonnenlicht zu uns auf die Erde reflektiert.

Gibt es den Mann im Mond?

Nein, auch wenn seine Oberfläche manchmal an ein unförmiges Gesicht erinnert. Der Mond ist eine staubige, leblose Wüste, ohne Atemluft und flüssiges Wasser. Seine Oberfläche bedecken weite, flache Ebenen, hohe Gebirgszüge und so genannte Krater, die durch den Einschlag von Meteoriten entstanden sind.

Der Mond hat etwa ein Viertel der Größe der Erde.

Richtig oder Falsch?

Die Planeten scheinen nicht in der Nacht.

FALSCH. Auch sie reflektieren das Sonnenlicht. Die Venus leuchtet am hellsten, denn sie ist der Erde am nächsten.

Astronauten sind auf dem Mond gelandet.

RICHTIG. Der Amerikaner Neil Armstrong war der erste, am 20. Juli 1969.

Welcher Planet hat die größten Monde?

Der gigantische Jupiter. Ihn umkreisen insgesamt 16 Monde und drei davon, Ganymed, Io und Callisto, sind größer als unser Mond.

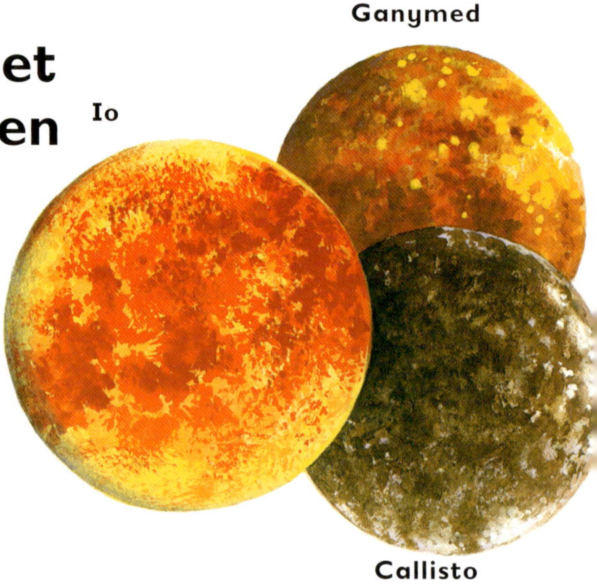

Phobos (links) und Deimos

Sind alle Monde rund?

Die großen schon, doch die beiden kleinen Marsmonde sind kartoffelförmig. Sie heißen Deimos und Phobos, und du könntest sie in einem Tag zu Fuß umrunden. Unser Mond ist etwa 100-mal größer als beide zusammen.

Was ist der Unterschied zwischen Planeten und Monden?

Ein Mond ist ein Himmelskörper, der um einen Planeten kreist. Ein Planet umkreist einen Stern wie unsere Sonne. Monde sind kleiner als ihr Planet, ein Planet ist kleiner als sein Stern.

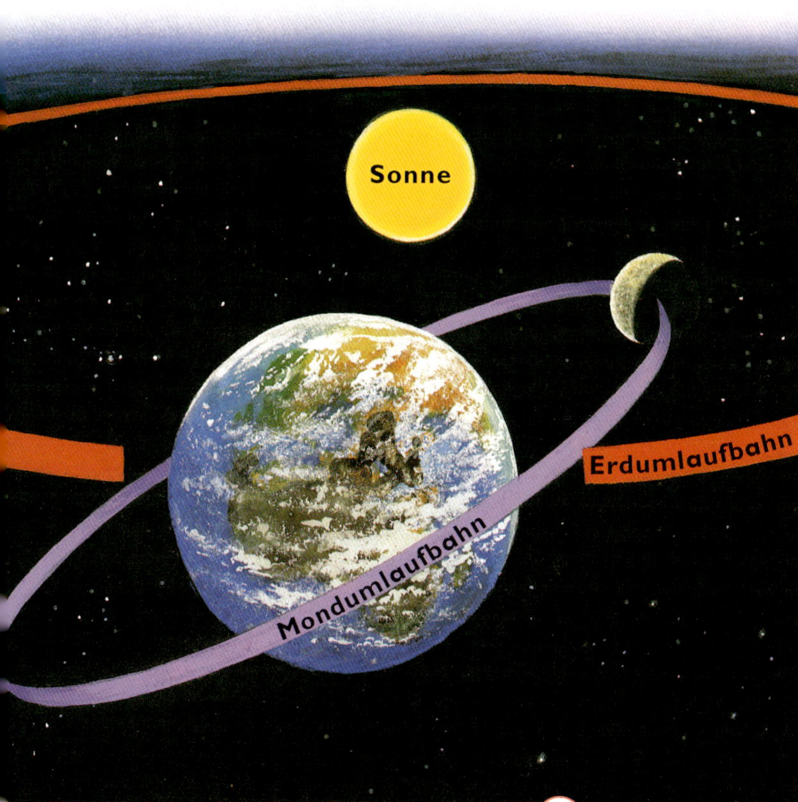

Richtig oder Falsch?

Der Jupiter hat die meisten Monde.

FALSCH. Uranus hat 20, Saturn 18 und Neptun 8 Monde.

Alle Planeten haben Monde.

FALSCH. Pluto hat, wie die Erde, nur einen. Merkur und Venus haben gar keinen Mond.

Gibt es Schneebälle im All?

Kometen gleichen riesigen schmutzigen Schneebällen, die aus Eis, Staub und Steinen bestehen. Die meisten bewegen sich weit draußen am Rande des Sonnensystems. Manchmal zieht ein Komet so nahe an der Sonne vorbei, dass deren Hitze seine Eisoberfläche in einen Schweif aus Gas und Staub verwandelt.

Das Innere eines Kometen

Sternschnuppen

Was sind Sternschnuppen?

Die richtige Bezeichnung für Sternschnuppen lautet Meteoriten, denn es sind keine Sterne, sondern erbsengroße Gesteinsbrocken, die beim Eintritt in die Erdatmosphäre zu Staub verglühen. Sie sehen wie ein Feuerwerk am nächtlichen Himmel aus.

Richtig oder Falsch?

Der Halley'sche Komet zieht etwa alle 76 Jahre an der Erde vorbei.

RICHTIG. Bei seinem nächsten Besuch 2061 bist du schon ziemlich alt.

Eine Meteoritengruppe nennt man Schwarm.

RICHTIG. Einige Schwärme können jedes Jahr zur selben Zeit beobachtet werden, wie die Perseiden am 12. August.

Welcher Planet kreist am schnellsten um die Sonne?

Je näher ein Planet der Sonne ist, umso kürzer und schneller ist seine Umlaufzeit. Der Merkur als nächster Nachbar der Sonne braucht für einen Sonnenumlauf 88 Erdtage, die Erde ein ganzes Jahr. Der Planet mit der längsten Umlaufzeit ist der am weitesten von der Sonne entfernte Pluto, er braucht 248 Erdjahre.

Merkur

Pluto, der Gott der Unterwelt

Mars, der hitzige Kriegsgott

Uranus, der griechische Himmelsgott

Saturn, der Gott der Fruchtbarkeit und Landwirtschaft

Jupiter, der König der Götter

Venus, die Göttin der Liebe

Merkur, der Bote der Götter

Neptun, der Gott des Meeres

Wonach wurden die Planeten benannt?

Die meisten Planeten wurden vor langer Zeit nach antiken römischen Göttern benannt.

Richtig oder Falsch?

Merkur gleicht der Erde.

FALSCH. Eher schon dem Mond mit seinen Staubwüsten, weiten Ebenen, schroffen Felsen und zahllosen Kratern.

Vom Merkur sieht die Sonne doppelt so groß aus.

RICHTIG. Aber noch hat niemand den Merkur betreten. Die Sonde „Mariner 10“ flog nur an ihm vorbei und schickte Fotos zur Erde.

Welches ist der heißeste Planet?

Nicht Merkur, der sonnennächste Planet, sondern die Venus. Auf ihrer Oberfläche herrschen 470 °C, das ist eineinhalbmal so heiß wie auf Merkur und 8-mal heißer als der heißeste Fleck der Erde. Die Venus ist in dicke Wolken aus schwerem Kohlendioxid eingehüllt, die wie eine Bettdecke die Wärme festhalten. Auf dem Merkur gibt es kaum Gas, und nichts hindert die Sonnenwärme am Entkommen.

Venus

Welches ist der kälteste Planet?

Der mit dem größten Abstand zur Sonne. Pluto ist fast 40-mal weiter von der Sonne entfernt als die Erde. Seine Temperatur liegt bei etwa minus 200 °C, das ist zweieinhalbmal kälter als am eisigsten Platz der Erde.

Pluto

Richtig oder Falsch?

Die Venus wird von Vulkanen bedeckt.

RICHTIG. Sie scheinen alle nicht mehr aktiv zu sein. Einer ist über 11 000 m hoch, viel höher als der Mount Everest.

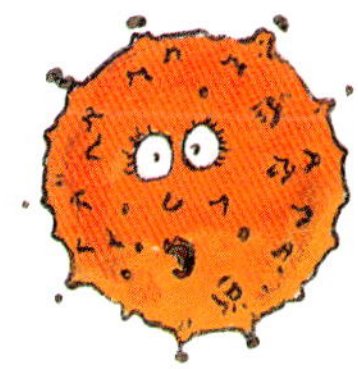

Bis 1930 wusste niemand vom Planeten Pluto.

RICHTIG. Er ist der zuletzt entdeckte Planet. Seinen Mond Charon fand man erst in den 1970er-Jahren.

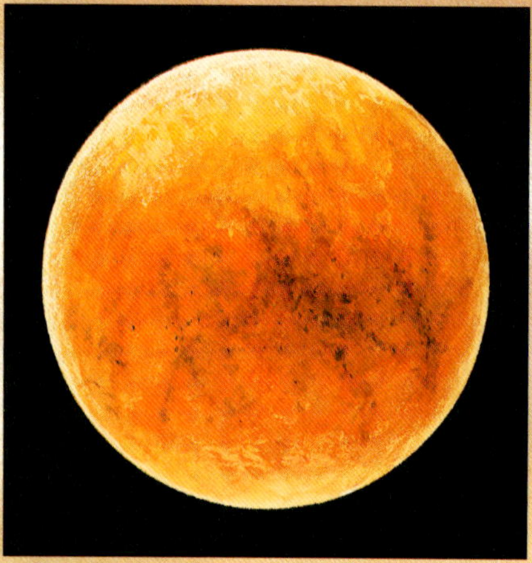

Mars

Welches ist der rote Planet?

Der Mars wird oft der rote Planet genannt, weil seine Oberfläche fast ganz von rostroten Sandwüsten bedeckt ist. Es sind keine heißen Wüsten, denn die Temperaturen auf dem Mars steigen selbst im Sommer selten über den Gefrierpunkt.

Werden Menschen auf dem Mars leben?

Es gibt Pläne, im Jahr 2020 Astronauten zum Mars zu schicken, die erkunden sollen, ob dort eine Raumbasis für Forscher gebaut werden kann.

Auf dem Mars könnte eine Raumbasis gebaut werden.

Das Forschungsfahrzeug „Sojourner" forschte 1997 auf dem Mars.

Gibt es Leben auf dem Mars?

Die Forscher meinen, wenn es überhaupt auf einem anderen Planeten unseres Sonnensystems Leben gab, dann auf dem Mars. Sie rechnen aber nicht mit grünen Männchen oder Monstern. Man hofft, versteinerte Reste kleiner Bakterien zu finden. Die bei den Marsmissionen von 1976 und 1997 gelandeten Sonden konnten aber keine Spuren von Leben ausmachen.

Richtig oder Falsch?

Astronauten besuchten andere Planeten.

FALSCH. Astronauten sind bisher nur auf dem Mond gelandet.

Auf dem Mars könnte es Wasser geben.

RICHTIG. An den beiden Polen des Mars gibt es Eiskappen, die möglicherweise gefrorenes Wasser enthalten.

Welches ist der größte Planet?

Der Jupiter ist so groß, dass er alle anderen Planeten des Sonnensystems aufnehmen könnte.

Der Große Rote Fleck ist ein riesiger Wirbelsturm von doppelter Erdgröße, der schon seit 300 Jahren tobt.

Jupiter

Welches sind die anderen großen Planeten?

Jupiter, Saturn, Uranus und Neptun bestehen überwiegend aus Gas und sind die größten Planeten des Sonnensystems. Im Gegensatz zu den felsigen Planeten haben sie keine feste Oberfläche. Ein Raumschiff würde beim Landeversuch einsinken.

Uranus

Saturn

Neptun

Welche Planeten haben Ringe?

Alle Riesenplaneten besitzen Ringe, die sie wie Hula-Hoop-Reifen umkreisen. Die Ringe von Jupiter und Neptun bestehen vor allem aus Staub. Die Ringe von Saturn und Uranus enthalten Eis- und Felsbrocken.

Richtig oder Falsch?

Der Jupiter ist so groß wie die Sonne.

FALSCH. Der Jupiter ist zwar der größte Planet, die Sonne ist aber fast 10-mal größer.

Der Jupiter rotiert schneller als die anderen Planeten.

RICHTIG. Der Jupiter dreht sich so schnell, dass dort Tag und Nacht weniger als 10 Erdenstunden dauern.

Welcher Planet hat die breitesten Ringe?

Mehr als 100 Erden würden quer auf die sieben Ringe des Saturn passen. Manche meinen, wegen seiner spektakulär glitzernden Ringe sei der Saturn der schönste Planet.

Saturnringe

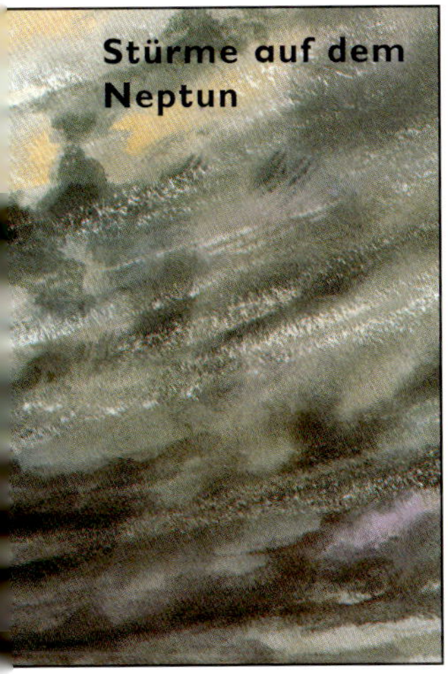

Stürme auf dem Neptun

Welches ist der windigste Planet?

Über die Oberfläche des Neptun rasen Winde mit über 2000 km/h. Das ist 6-mal schneller als die heftigsten Hurrikans auf der Erde.

Welcher Planet liegt auf der Seite?

Der hellblaue Uranus kreist leicht gekippt um die Sonne. Wissenschaftler glauben, dass er vor Milliarden Jahren mit einem anderen Planeten zusammengestoßen und dabei gekippt ist.

Kollision mit dem Uranus

Richtig oder Falsch?

Der Saturn ist sehr leicht.

RICHTIG. In einer ausreichend großen Wanne könnte er auf Wasser schwimmen.

Neptun und Uranus sind blau, weil sie aus Wasser bestehen.

FALSCH. Ihre Blaufärbung kommt von dem Gas Methan. Nur auf der Erde gibt es flüssiges Wasser an der Oberfläche.

Wie viele Sterne gibt es?

Die Sonne und all die anderen Sterne, die in der Nacht funkeln, gehören zur riesigen Milchstraße, unserer Galaxie. Die Milchstraße allein umfasst etwa 1000 Milliarden Sterne. Experten rechnen mit insgesamt 100 Trillionen Sternen in 100 Milliarden Galaxien.

Warum heißt unsere Galaxie Milchstraße?

Die Milchstraße bekam ihren Namen, weil wir einen Teil davon manchmal nachts als milchiges Sternenband am Himmel sehen können.

Milchstraßensystem (Galaxis)

Elliptische Galaxie

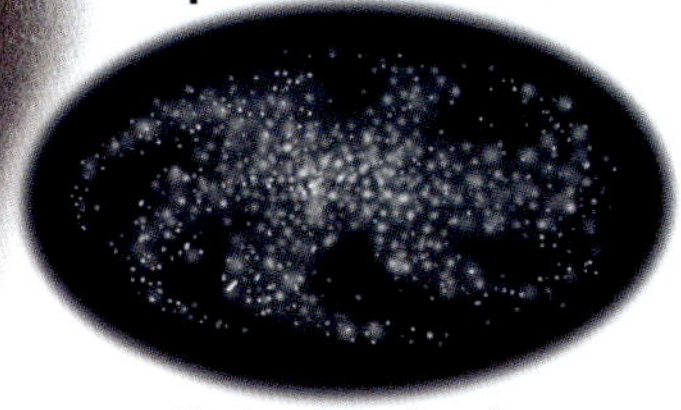

Spiralgalaxie

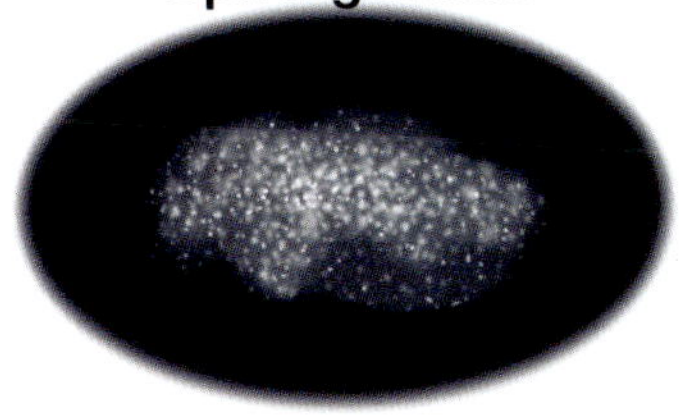

Unregelmäßige Galaxie

Sind alle Galaxien gleich?

Nein, es gibt drei Hauptformen. Einige sind Spiralen wie die Milchstraße, die von oben wie ein Strudel und von der Seite wie zwei aufeinander gelegte Spiegeleier aussieht. Andere Galaxien sind elliptisch oder unregelmäßig geformt.

Richtig oder Falsch?

Die Sonne umkreist die Milchstraße.

RICHTIG. Die Sonne kreist um das Zentrum der Milchstraße. Ein Umlauf dauert 250 Millionen Jahre.

Der Große Bär ist eine Galaxie.

FALSCH. Er ist ein Sternbild, eine Gruppe von Sternen in unserer Galaxie, die nur scheinbar eine bestimmte Form bilden.

Was ist ein Roter Riese?

Nach einigen Milliarden Jahren bekommen alle Sterne Energieprobleme. Mittelgroße Sterne wie unsere Sonne blähen sich dann bis zum 100-fachen ihres Volumens auf. Diese gewaltigen Sterne heißen Rote Riesen.

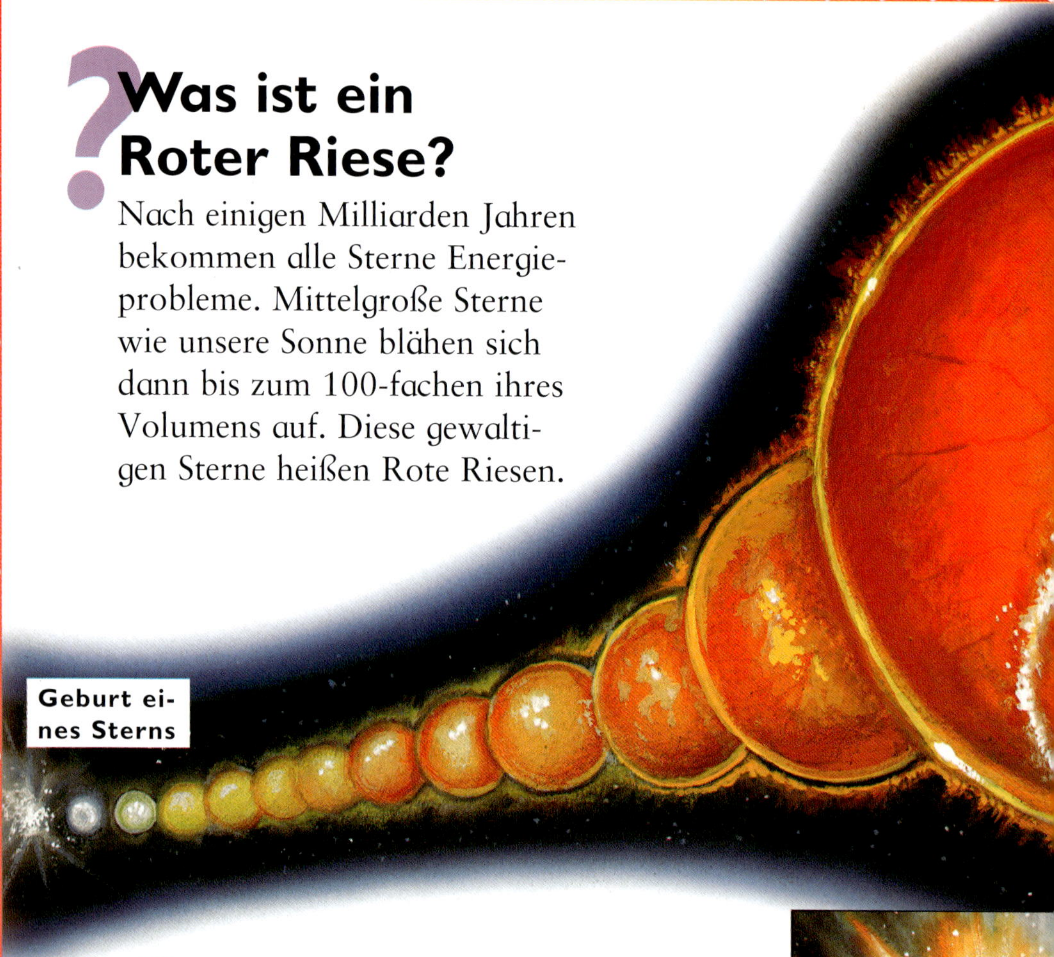

Geburt eines Sterns

Was ist eine Supernova?

Einige Sterne sind viel größer als unsere Sonne und haben viel mehr Energie. Je größer der Stern, umso kürzer sein Leben und umso schneller sein Tod. Die allergrößten vergehen mit einer gewaltigen Explosion, die man Supernova nennt.

Supernova

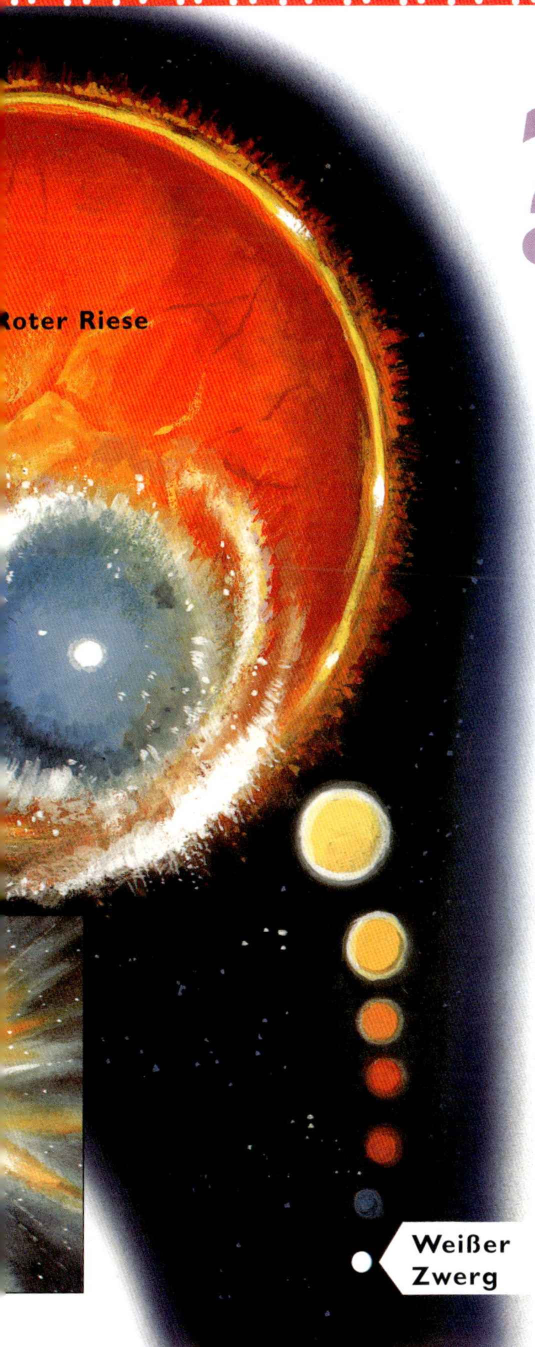

Wie klein ist ein Weißer Zwerg?

Hat ein Roter Riese seine Energie verbraucht, wird er 10 000-mal kleiner und zu einem Weißen Zwerg. Der ist zwar klein, aber immer noch sehr heiß.

Richtig oder Falsch?

Einige Sterne sind 1000-mal größer als die Sonne.

RICHTIG. Diese Sterne werden Superriesen genannt.

Eine Supernova-Explosion kann eine Galaxie überstrahlen.

RICHTIG. Sie kann milliardenmal heller als die Sonne strahlen.

Wann entstand das Universum?

Das Universum umfasst alles – dich, die Erde und alles auf ihr, die Sonne und das Sonnensystem, die Milchstraße und all die anderen Galaxien. Wissenschaftler glauben, dass alles vor 15 Milliarden Jahren mit einer riesigen Explosion, dem Urknall oder „Big Bang“, begann.

Welche Form hat das Universum?

Lange Zeit dachte man, das Universum sei rund wie ein aufgeblasener Ballon. Heute meinen einige Experten, es könnte flach wie ein Pfannkuchen sein.

Das Universum dehnt sich immer weiter aus.

Das Universum könnte die Form eines Pfannkuchens haben.

Richtig oder Falsch?

Das Universum könnte in einem Kollaps enden.

RICHTIG. Einige Wissenschaftler denken, dass das Universum in Milliarden von Jahren einfach in sich zusammensinkt.

Der Endkollaps wird das Ende von Allem sein.

FALSCH. Wenn es tatsächlich dazu kommt, gehen die Fachleute von einem neuen Urknall und der Geburt eines neuen Universums aus.

Warum bebt die Erde?

und andere Fragen zum Planeten Erde

Wie alt ist die Erde?

Wissenschaftler glauben, dass die Erde vor etwa 4,6 Milliarden Jahren entstanden ist. Sie bildete sich, als eine riesige heiße Gas- und Staubwolke sich abkühlte und zu einem gewaltigen Ball zusammenzog. Allerdings ist dieser Ball nicht ganz rund, an den beiden Polen ist sie leicht abgeflacht.

Die Erde vom All aus gesehen

Wie groß ist die Erde?

Entlang dem Äquator beträgt ihr Umfang zirka 40 000 Kilometer, über den Polen sind es knapp 70 km weniger. Die Erde wiegt übrigens 6000 Trillionen (6000 Millionen Millionen Millionen) Tonnen.

Wo hört die Luft auf?

Die Erde wird von einer Schicht aus Luft und Gasen, der Atmosphäre, umgeben. Sie reicht bis in eine Höhe von etwa 500 Kilometern Höhe. Erst dort beginnt das Weltall.

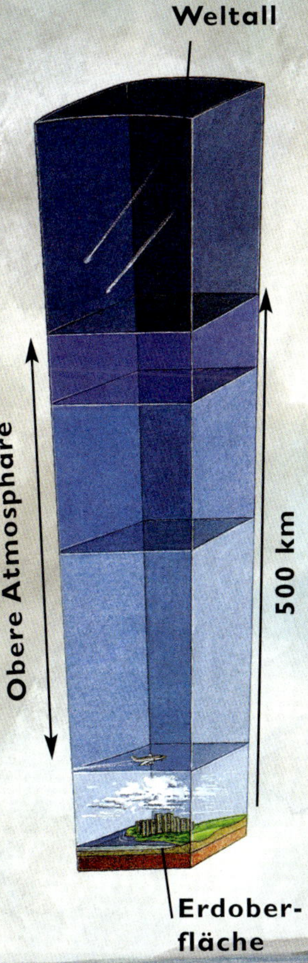

Richtig oder Falsch?

Der Äquator liegt in der Mitte der Erde.

RICHTIG. Der Äquator ist eine gedachte Linie, die in der Mitte quer um die Erde verläuft und sie in zwei Hälften teilt.

Dinosaurier waren die ersten Lebewesen auf der Erde.

FALSCH. Die ersten Lebewesen waren winzige Zellen. Sie lebten etwa 3 Milliarden Jahre vor den Dinosauriern.

Was liegt unter dem Erdboden?

Der Untergrund besteht aus hartem Fels. Darunter folgen Schichten von Gestein und Metallerzen. Einige der Schichten sind so heiß, dass sie geschmolzen sind.

Ist der Boden sehr dick?

Ja, das ist er und du kannst auf ihm hüp- fen, ohne jemals einzubrechen. Der felsige Untergrund wird Erdkruste ge- nannt. Auf dem Festland ist sie etwa 40 Kilometer dick, unter dem Meer im- merhin 8 Kilometer

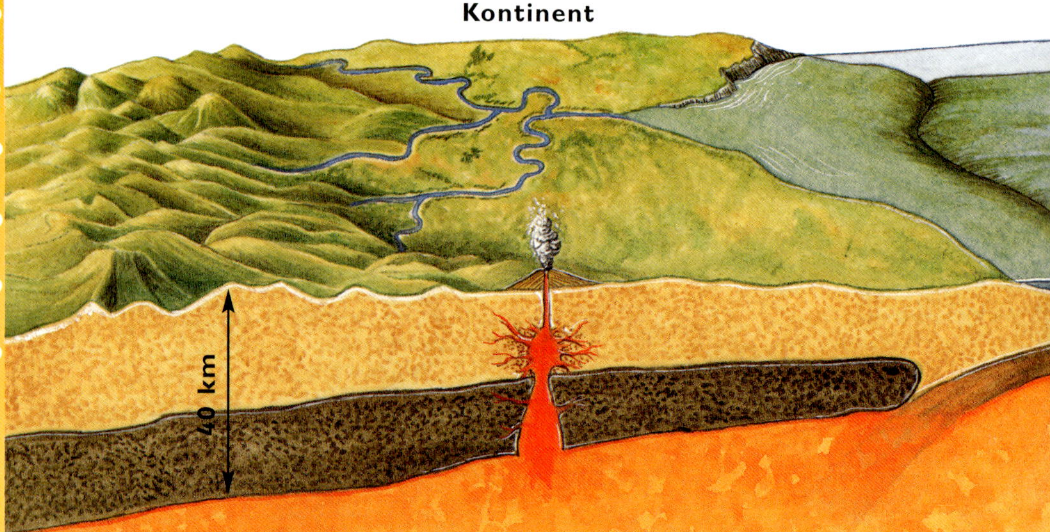

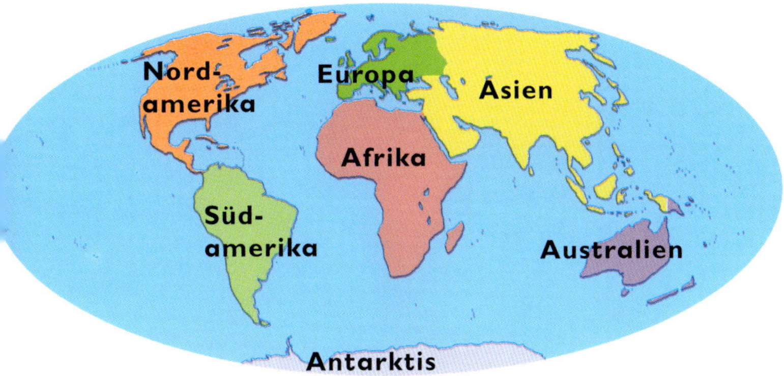

Was ist ein Kontinent?

Die Landoberfläche der Erde teilt sich in sieben Teile oder Kontinente: Der Größe nach sind es Asien, Afrika, Nordamerika, Südamerika, die Antarktis, Europa und Australien.

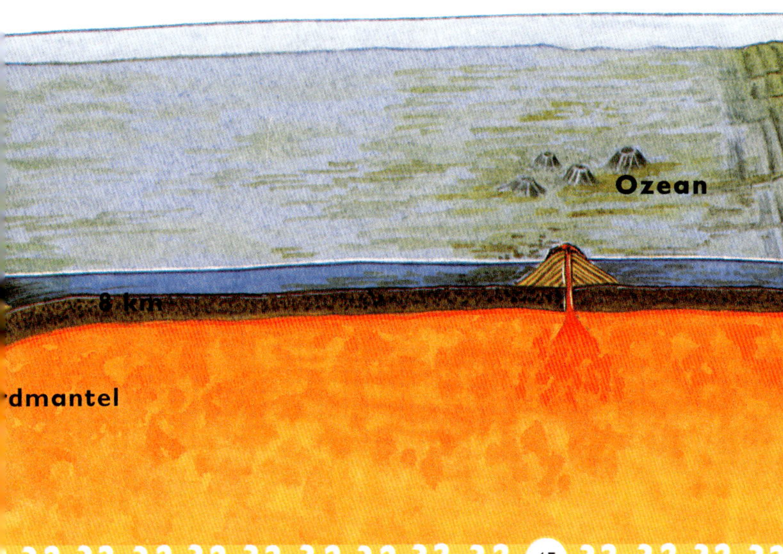

Richtig oder Falsch?

Der Mittelpunkt der Erde ist eiskalt.

FALSCH. Im Erdinneren ist es mit 4500 °C extrem heiß, 20-mal heißer als in einem normalen Backofen.

Die Antarktis ist der kleinste Kontinent.

FALSCH. Australien ist der kleinste Kontinent. Er besteht aus Australien selbst, Neuseeland, Papua-Neuguinea und einigen kleineren Inseln.

Wie verändert sich Gestein?

Die Erdkruste besteht aus vielen Gesteinsarten, die auf verschiedene Weise entstanden sind. Wird Gestein nach unten gedrückt, dann wird es erhitzt und gepresst. Es verändert seine Struktur, und neues (metamorphes) Gestein entsteht.

Marmor

Lava (flüssiges Gestein) kühlt zu Extrusivgesteinen/Vulkaniten ab.

In der Nähe von Magma (flüssiges Gestein in der Erde) wird anderes Gestein durch die Hitze zu metamorphem Gestein.

Gestein wird durch Pressen und Falten zu metamorphem Gestein.

Was ist Vulkangestein?

Vulkangestein wird auch Erstarrungsgestein genannt. Es entsteht tief im Inneren der Erde, wenn heißes, flüssiges Gestein erkaltet und fest wird. Bei einem Vulkanausbruch wird es herausgeschleudert.

Bimsstein

Welches Gestein besteht aus Muscheln?

Einige Gesteinsarten bestehen aus Felskörnchen, die in Lagen zusammengebacken sind. Sie heißen Sedimentgesteine. Manchmal enthalten sie Fossilien. Kreide ist ein Sedimentgestein, das aus den Schalen kleiner Meerestiere, die vor Millionen von Jahren lebten, entstanden ist.

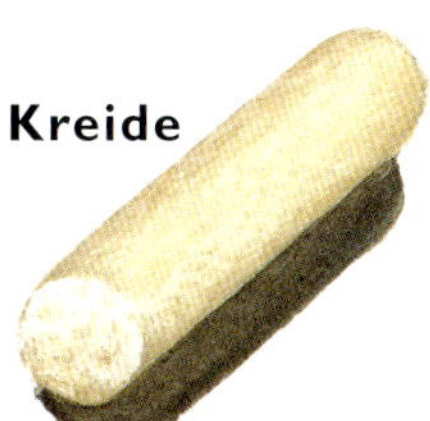

Richtig oder Falsch?

Die ältesten Gesteine sind Millionen von Jahren alt.

RICHTIG. Forscher glauben, dass die ältesten Steine der Erde fast 4 Milliarden Jahre alt sind.

Steine können nicht im Wasser schwimmen.

FALSCH. Der vulkanische Bimsstein ist so leicht, dass er in Wasser schwimmt.

Wie entstehen Höhlen?

Wenn Regenwasser durch einen Riss im Boden rinnt, wäscht es dort das Gestein aus. Mit der Zeit entstehen so unterirdische Höhlen und Gänge. Einige Höhlen sind so groß, dass eine Kathedrale darin Platz hätte.

Was ist der Unterschied zwischen Stalagmiten und Stalaktiten?

Stalagmiten und Stalaktiten sehen wie lange, spitze steinerne Eiszapfen aus. Stalagmiten wachsen vom Boden empor und Stalaktiten von der Decke herab.

Wer erforscht Höhlen?

Menschen, die Höhlen und Gänge erkunden, heißen Höhlenforscher. Sie steigen an Seilen oder Leitern hinab in den dunklen, kalten und feuchten Untergrund. Die Höhlenforscher tragen warme, wasserdichte Kleidung und haben Taschenlampen dabei.

Höhlenforscher bei der Erkundung einer unterirdischen Höhle.

Richtig oder Falsch?

Menschen lebten in Höhlen.

RICHTIG. Vor langer Zeit boten Höhlen eine sichere Zuflucht vor hungrigen wilden Tieren.

Stalagmiten können einen Mensch überragen.

RICHTIG. Der größte Stalagmit der Welt ist mit über 31 m so hoch wie 18 Menschen.

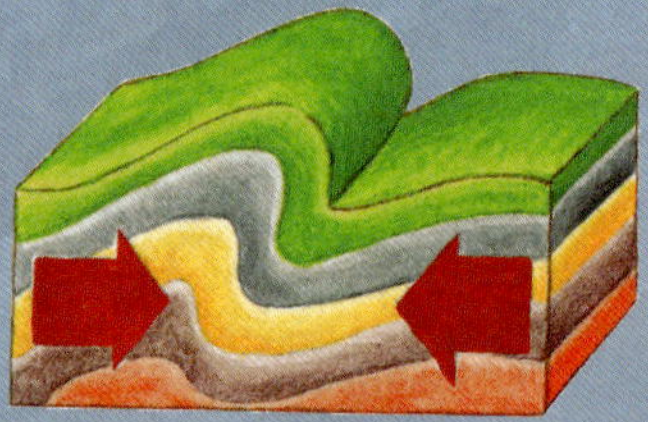

Faltengebirge

Schollengebirge

Wie entstehen Gebirge?

Gebirge entstehen z. B. dort, wo zwei Platten der Erdkruste aufeinander treffen. Das Gestein wirft dabei riesige Falten. Andere Gebirge bilden sich, wenn einzelne Schollen nach oben gehoben werden.

Welches ist der höchste Berg?

Der höchste Berg der Erde ist der Mount Everest in Asien mit 8848 Meter Höhe. Er gehört zu einem gewaltigen Gebirgszug, dem Himalaja.

Gipfel des Mount Everest

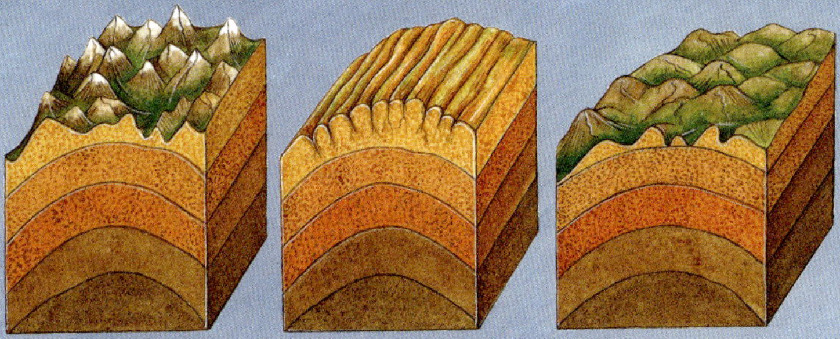

Wind, Regen und Eis nagen am Fels.

Die obere Schicht bekommt Risse.

Die Berge werden weiter abgetragen.

Schrumpfen Gebirge?

Gebirge brauchen Millionen Jahre zum Wachsen. Dann werden sie täglich kleiner. Die Berge werden von Wind, Frost und Eis beschädigt, die kleine Stückchen Fels abbrechen und wegtransportieren. Junge Gebirge haben scharf gezackte Spitzen. Ältere Gebirge sind eher glatt und abgerundet.

Richtig oder Falsch?

Der Mount Everest wurde nie erklommen.

FALSCH. Als erste Menschen bezwangen der Sherpa Tenzing Norgay und Edmund Hillary 1953 den Mount Everest.

Manche Berge sind Vulkane.

RICHTIG. Manche Berge entstehen durch Vulkanausbrüche, wenn sich Bergkegel aus Fels und Asche bilden.

Warum sind manche Berggipfel schneebedeckt?

Je höher du auf einen Berg kletterst, umso kälter wird es. Ganz oben auf einem sehr hohen Berg ist es so eisig kalt, dass Eis und Schnee nie schmelzen. Weiter unten ist es wärmer, dort können Bäume und Pflanzen wachsen. Tiere, die im Hochgebirge leben, haben ein dickes, wärmendes Fell. Bergsteiger müssen spezielle Kleidung tragen.

Wo findet man Ströme aus Eis?

Gletscher sind riesige Eisströme, die die Berghänge hinabgleiten. Sie entstehen, wenn sich hoch oben im Gebirge Schnee in einer Senke sammelt. Der Schnee verhärtet und wird zu Eis, das talabwärts gleitet. Die im Eis eingefrorenen Felsen und Steine hobeln den Untergrund ab und graben tiefe Täler.

Warum rutscht Schnee plötzlich weg?

Manchmal löst sich plötzlich eine riesige Schneemenge und donnert den Berg hinab. Diese so genannte Schneelawine ist schneller als ein ICE und begräbt alles, was im Weg steht – Menschen ebenso wie Häuser.

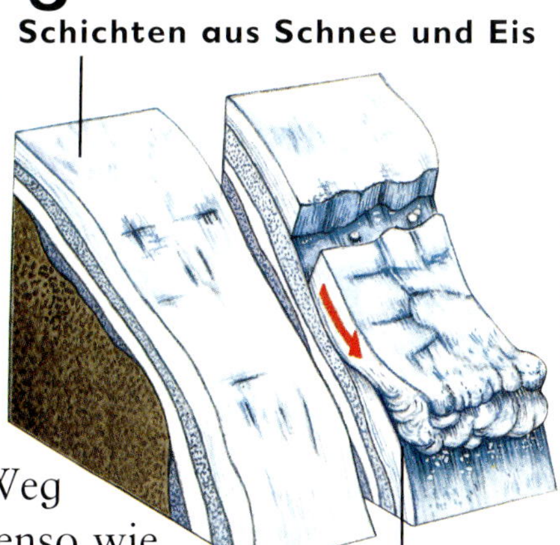

Richtig oder Falsch?

Gletscher fließen wie Ströme.

RICHTIG. Gletscher fließen wie Ströme zu Tal, doch mit wenigen Zentimetern am Tag meist sehr langsam.

Singen kann eine Lawine auslösen.

RICHTIG. Lauter Gesang kann tatsächlich eine Lawine auslösen. In manchen Gebirgsdörfern ist deshalb Singen verboten.

Welche Berge spucken Feuer?

Vulkane sind Berge, die brennende Asche, Gas und flüssiges Gestein „spucken“. Asche und Gestein kommen tief aus dem Erdinneren. Durch Risse in der Erdkruste brechen sie nach oben durch. Manche Vulkane brechen leise aus, andere explodieren mit einem lauten Knall.

Warum ist Lava flüssig?

Das aus Vulkanen austretende heiße, flüssige Gestein wird Lava genannt. Lava ist zäh und klebrig wie Sirup. Beim Abkühlen verwandelt sie sich in festes Gestein.

Vulkanische Lava

Leben Menschen in der Nähe von Vulkanen?

Viele Menschen leben nahe bei Vulkanen, obwohl das sehr gefährlich ist. Aber die aus dem Vulkan herausgeschleuderte Asche macht die Böden sehr fruchtbar und eignet sich bestens für den Ackerbau.

Richtig oder Falsch?

Ein erloschener Vulkan schläft nur.

FALSCH. Ein erloschener Vulkan bricht nie mehr aus. Ein schlafender Vulkan kann jederzeit wieder ausbrechen.

Der Gipfel eines Vulkans heißt Krater.

RICHTIG. Der Krater ist die Vertiefung im Gipfel eines Vulkans. Oft bildet sich aus Regenwasser darin ein See.

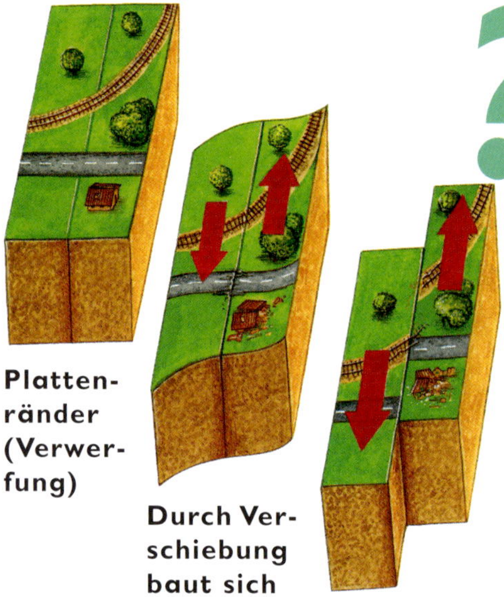

Plattenränder (Verwerfung)

Durch Verschiebung baut sich Druck auf.

Die Platten springen auseinander.

Warum bebt die Erde?

Die Gesteinsplatten der Erdkruste treiben auf dem flüssigen Gestein darunter. Wenn sich zwei Platten ineinander verhaken und sich irgendwann mit einem Ruck lösen, erzittert der Boden in einem Erdbeben.

Sind Erdbeben gefährlich?

Schwere Erdbeben sind sehr gefährlich. Im Boden tun sich Risse auf, Brücken und Häuser stürzen ein. Viele Menschen können dabei obdachlos, verletzt oder getötet werden.

Wo kommt es zu Erdbeben?

Viele Erdbeben entstehen an einer Verwerfung, wo zwei Erdplatten aufeinander treffen. Die Stadt San Francisco liegt an einer solchen Verwerfung, der San-Andreas-Spalte. Dort gibt es jedes Jahr Hunderte von Erdbeben.

Richtig oder Falsch?

Hunde jaulen vor einem Erdbeben.

RICHTIG. Man sagt auch, Ratten würden in Panik wegrennen und Goldfische aus ihrem Glas springen.

Erdbeben dauern Stunden.

FALSCH. Die meisten Beben dauern weniger als eine Minute. Das längste Erdbeben überhaupt hielt vier Minuten an.

Wo entspringen Flüsse?

Viele Flüsse entspringen hoch oben im Gebirge als kleine Bäche. Andere bilden sich als Abfluss eines Sees oder aus dem Schmelzwasser eines Gletschers.

Was ist eine Quelle?

Einige Flüsse entspringen in einer Quelle, die aus dem Boden sprudelt. Eine Quelle entsteht, wenn Regenwasser zunächst im Boden versickert und dann wieder an die Oberfläche quillt.

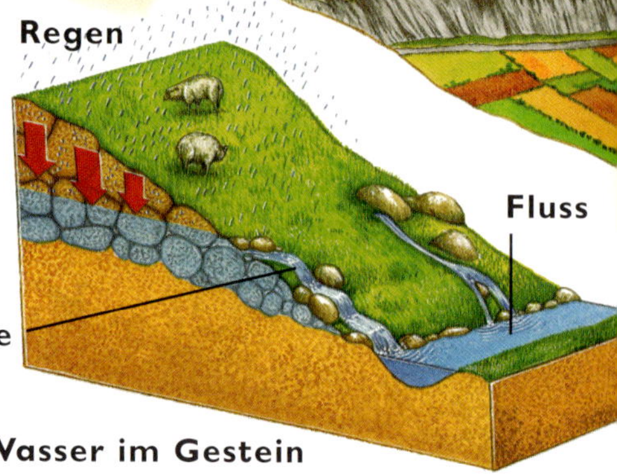

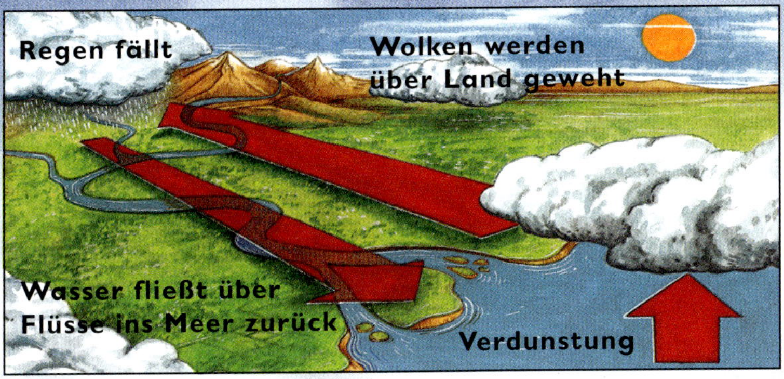

Was ist ein Wasserkreislauf?

Flüsse transportieren das Wasser ins Meer. Durch die Sonnenwärme verdunsten dort Millionen Liter zu unsichtbarem Wasserdampf. Beim Abkühlen bilden sich Wolken, es regnet und das Wasser fließt in die Flüsse.

Richtig oder Falsch?

Flüsse werden langsamer.

RICHTIG. Nahe der Mündung hat ein Fluss meist wenig Gefälle, im flachen Flussbett fließt er träge zum Meer.

Flüsse bilden Mäander.

RICHTIG. Mäander sind hufeisenförmige Flusswindungen. Manchmal wird eine Biegung vom Fluss abgeschnitten und ein Altarm entsteht.

Welches ist der längste Fluss?

Der längste Fluss ist der Nil im nordöstlichen Afrika mit 6671 Kilometer Länge. Der mächtigste Strom ist aber der Amazonas in Südamerika. Er transportiert 60-mal mehr Wasser als der Nil, das ist fast ein Fünftel allen Flusswassers der Erde.

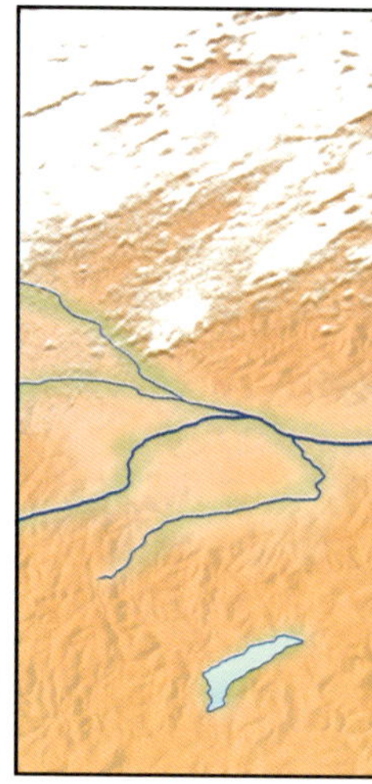

Wie hoch sind Wasserfälle?

Der höchste Wasserfall der Erde ist der Angelfall in Venezuela in Südamerika. Das Wasser stürzt an einem Gebirgszug 979 Meter in die Tiefe. Fließt ein Fluss über eine Stufe aus hartem Fels, wäscht er das weiche Gestein darunter aus und gräbt sich einen steilen Felsabhang.

Angelfall

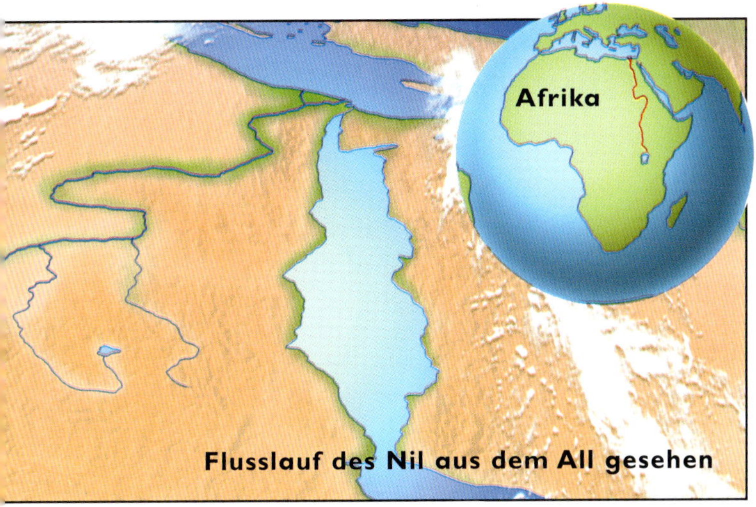

Flusslauf des Nil aus dem All gesehen

Wie graben sich Flüsse Täler?

Ein talwärts fließender Fluss trägt eine Menge rauer Felsen und Steine mit sich. Diese graben im Lauf der Zeit ein immer tieferes Tal.

River Valley, Grand Canyon USA

Richtig oder Falsch?

Der D River ist der kürzeste Fluss der Erde.

RICHTIG. Der D River in Oregon (USA) ist gerade mal 36 m lang. Der Nil ist mehr als 180 000-mal so lang.

Einige Flüsse fließen unterirdisch.

RICHTIG. Regenwasser versickert im Boden und bildet dort Flüsse. Nur wenige haben diese bisher gesehen.

Wie entsteht ein See?

Manche Seen bilden sich in vom Eis gegrabenen Bodensenken, in denen sich Regenwasser sammelt. Andere, wenn ein Strom eine seiner Flussbiegungen abschneidet. Oder ein Vulkankrater füllt sich mit Wasser.

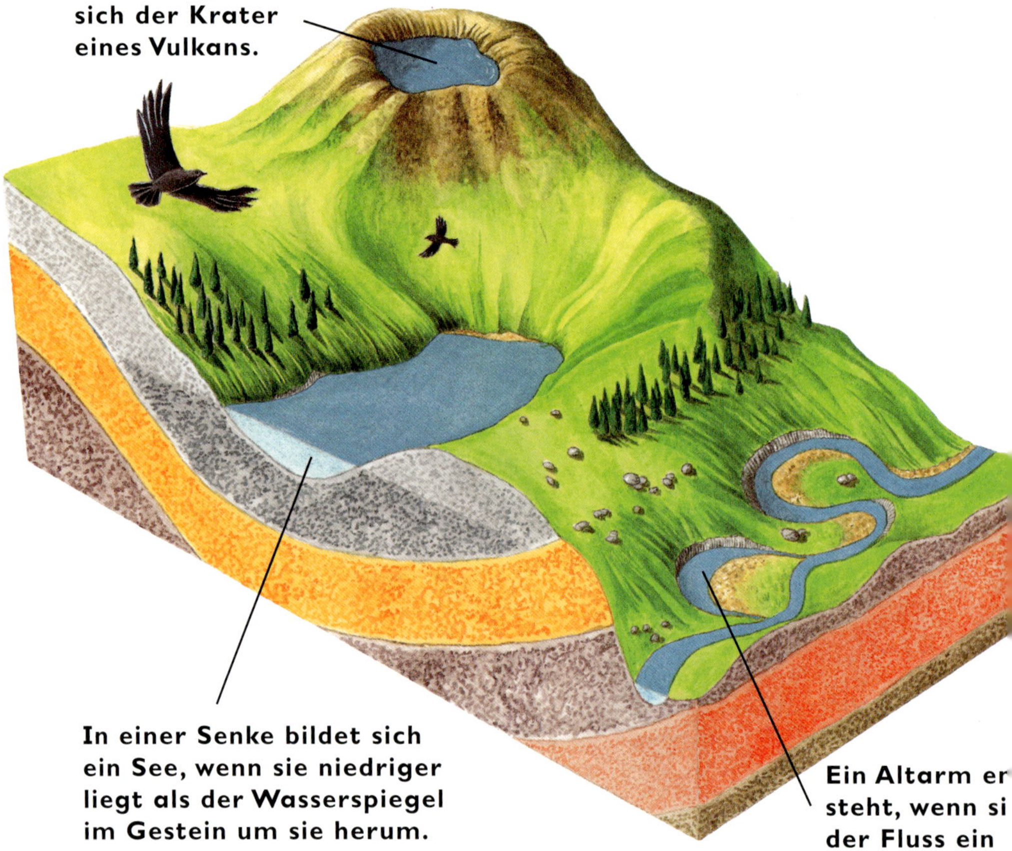

Wozu gibt es Stauseen?

Ein Stausee ist ein künstlicher See zum Speichern von Wasser. Ein Fluss wird mit einem Staudamm abgesperrt. Das Flusswasser wird dann als Trinkwasser und zur Stromerzeugung genutzt.

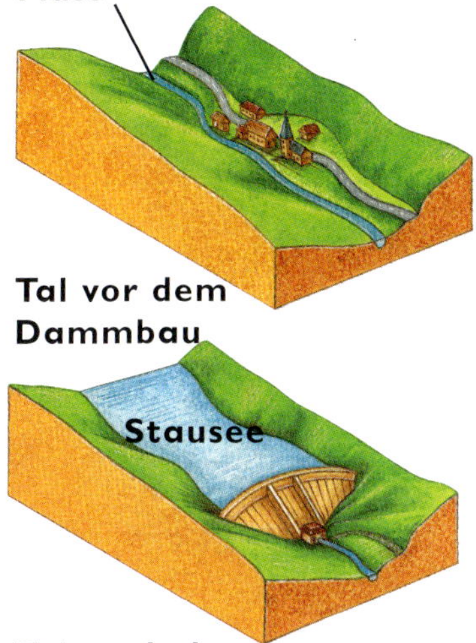

Welches ist der größte Süßwassersee der Welt?

Der größte Süßwassersee ist der Lake Superior in Nordamerika. Er bedeckt etwa 82 000 Quadratkilometer. Der Baikalsee in Sibirien ist mit über 1600 Metern der tiefste See.

Richtig oder Falsch?

Seen können salzig sein.

RICHTIG. Einige Seen wie das Tote Meer im Nahen Osten sind so salzig, dass darin kein Leben möglich ist.

Ein Weiher ist größer als ein See.

FALSCH. Ein Weiher ist kleiner und flacher als ein See.

Welches ist die größte Insel?

Betrachtet man Australien als einen Kontinent, ist Grönland im eisigen Nordpolarmeer die größte Insel der Erde. Mit ihren 2 175 600 Quadratkilometern ist sie mehr als sechsmal so groß wie ganz Deutschland.

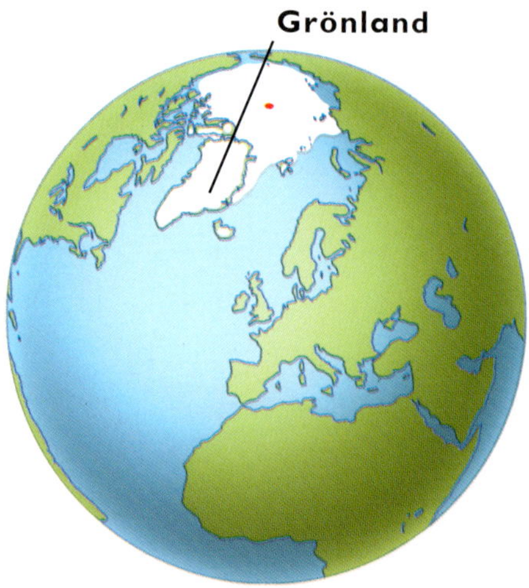

Wie entstehen Inseln?

Eine Insel ist ein Stück Land, das ringsum von Wasser umgeben ist. Einige Inseln sind vom Festland abgetrennt worden. Andere sind die Spitze unterseeischer Vulkane.

Entstehen noch neue Inseln?

Ja, 1963 tauchte vor Island eine neue Insel auf. Sie ist der Kegel, der bei einem unterseeischen Vulkanausbruch entstand. Die Insel wurde nach dem nordischen Feuergott Surtsey getauft.

Richtig oder Falsch?

Manche Inseln bestehen aus Korallen.

RICHTIG. Viele kleine Inseln im Pazifischen und Indischen Ozean entstanden aus Korallenriffs.

New York City ist auf einer Insel erbaut.

RICHTIG. Das Zentrum der Stadt New York befindet sich auf der Insel Manhattan.

Was ist Sand?

Sand besteht aus kleinen Fels- und Muschelstückchen. Wind und Regen zerkleinern die Felsen. Die Wellen spülen die Muscheln an den Strand und zerbröseln sie in immer kleinere Teilchen.

Warum gibt es an manchen Stränden Klippen?

Anbrandende Wellen verändern mit der Zeit die Form der Küste. Das Wasser gräbt Klippen, Höhlen und Bögen in den Fels. Manchmal bricht das Mittelteil eines Bogens ein und nur die Säulen bleiben stehen.

Was ist der Giant's Causeway?

Giant's Causeway („Damm der Riesen") heißt ein nordirischer Küstenabschnitt aus unzähligen Felsen und Säulen vulkanischen Ursprungs. Der Sage nach benutzten Riesen diesen Damm, um übers Meer nach Schottland zu kommen.

Richtig oder Falsch?

Einige Klippen bestehen aus Kreide.

RICHTIG. Manche Klippen bestehen aus weicher, weißer Kreide. Man kann manchmal versteinerte Muscheln darin entdecken.

Strände können über Nacht verschwinden.

RICHTIG. Stürmische See und heftige Wellen können Strände wegschwemmen und ins Meer spülen.

Ölbohrinsel

Warum schürfen wir in der Erde?

Im Boden gibt es viele brauchbare Dinge, wie Kohle, Metalle und Edelsteine. Um an sie heranzukommen, gräbt man mitunter kilometertiefe Löcher.

Wo kommt das Öl her?

Öl entstand aus winzigen urzeitlichen Tieren und Pflanzen. Sie sanken auf den Meeresboden und wurden unter Sand und Schlick begraben. In Millionen von Jahren verwandelten sie sich in Erdöl. Man bohrt danach und pumpt es ab.

Smaragd

Wo entstehen Edelsteine?

Edelsteine wachsen im Gestein der Erdkruste. Einige, wie Diamanten, Saphire und Smaragde, sind sehr selten und wertvoll. Sie werden ausgegraben, geschnitten und poliert, dann macht man Schmuck daraus.

Richtig oder Falsch?

Kohle entstand aus Bäumen.

RICHTIG. Kohle entstand aus Bäumen und Pflanzen, die vor Millionen von Jahren in Sumpfgebieten wuchsen.

Gold ist das kostbarste Metall überhaupt.

FALSCH. Das silbrige Metall Platin ist noch viel kostbarer. Man macht daraus Schmuckstücke.

Wie entstehen Wellen?

und andere Fragen zum Meer

Wie groß ist das Weltmeer?

Die Ozeane bedecken fast drei Viertel der Erdoberfläche. Drei Ozeane gibt es, den Pazifischen, Atlantischen und Indischen Ozean. Wichtige Nebenmeere sind etwa das Nordpolarmeer und das Mittelmeer.

Welches ist der größte Ozean?

Der Pazifische Ozean. Er bedeckt ein Drittel der Erde und zieht sich um den halben Globus. Die gesamte Landmasse der Erde würde locker in ihn hineinpassen. Der Pazifik ist auch viel tiefer als die anderen Ozeane.

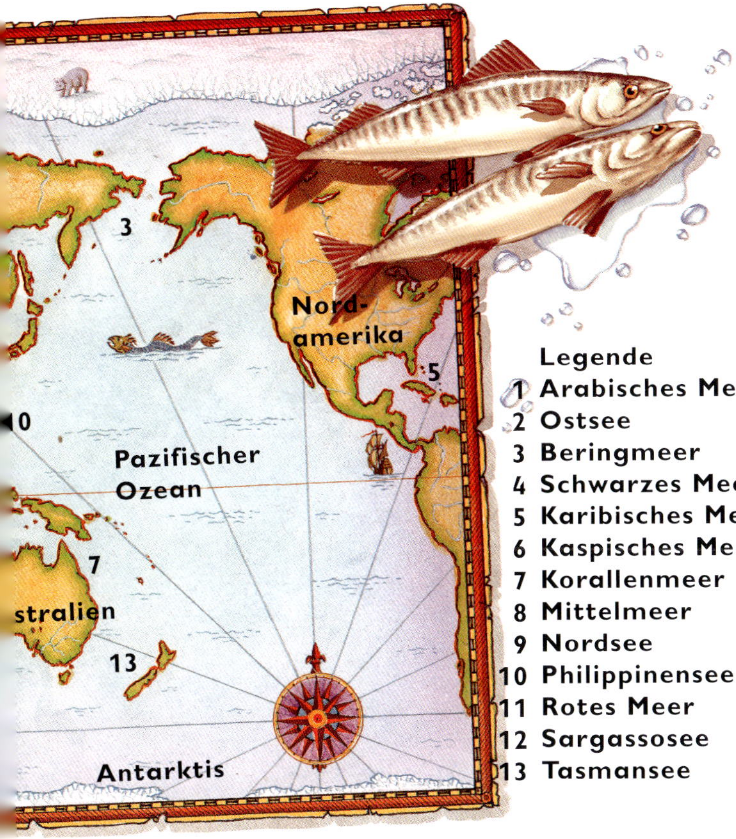

Legende
1 Arabisches Meer
2 Ostsee
3 Beringmeer
4 Schwarzes Meer
5 Karibisches Meer
6 Kaspisches Meer
7 Korallenmeer
8 Mittelmeer
9 Nordsee
10 Philippinensee
11 Rotes Meer
12 Sargassosee
13 Tasmansee

Bezeichnen „See“ und „Meer“ dasselbe?

„Der“ See bezeichnet stets ein Binnengewässer. In der Bedeutung „die“ See, die „offene See“ oder „auf hoher See“ wird aber die Sinnverwandtschaft zum „offenen Meer“ deutlich.

Richtig oder Falsch?

Vom All sieht die Erde blau aus.

RICHTIG. Auf der Erde gibt es so viel Wasser, dass sie vom Weltall aus blau erscheint.

Das Nordpolarmeer ist sehr kalt.

RICHTIG. Das Nordpolarmeer ist eisig kalt und einen Großteil des Jahres mit Eis bedeckt.

Warum ist das Meer salzig?

Das Meer enthält sehr viel Salz. Das meiste Salz kommt vom Land und wird vom Regen aus dem Gestein gewaschen und ins Meer gespült. Es ist dasselbe Salz, das du über dein Essen streust.

Warum ist das Meer blau?

An einem sonnigen Tag sieht das Meer blau aus, denn es reflektiert die blauen Lichtstrahlen der Sonne. Unter Wolken scheint das Meer grau, denn die Wolken verdecken die Sonne.

Salzgewinnung

Welches Meer hat rotes Wasser?

Im Sommer sieht das Wasser des Roten Meers rötlich aus. Dann wachsen Abermillionen winziger Algen im Meer und verändern die Farbe des Wassers. Das Rote Meer hat von allen Meeren das Wasser mit dem höchsten Salzgehalt.

Richtig oder Falsch?

Meerwasser ist trinkbar.

FALSCH. Meerwasser ist so salzig, dass es nicht nur fürchterlich schmeckt; es kann sogar krank machen.

Das Schwarze Meer ist sehr schmutzig.

FALSCH. Das Schwarze Meer heißt so, weil an seinem Grund dicker, schwarzer Schlamm liegt.

Wie entstehen Wellen?

Wellen entstehen, wenn das Meer durch über die Wasseroberfläche wehende Winde gekräuselt wird. An windigen Tagen werden die Wellen größer und größer, bis der Wellenkamm bricht und die Welle am Strand aufschlägt.

Tsunami

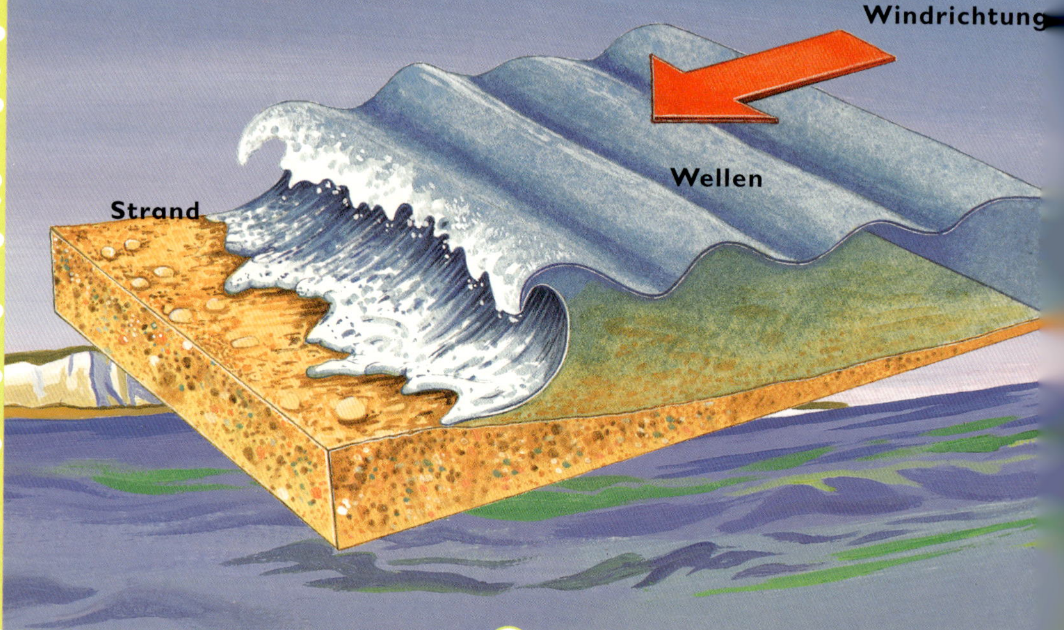

Welche Wellen sind schnell wie Jets?

Tsunamis sind regelrechte Monsterwellen. Sie entstehen durch Erdbeben am Meeresboden oder Vulkanausbrüche unter Wasser. Sie rasen so schnell wie ein Jet übers Meer, türmen sich auf und überfluten das Land.

Wer reitet auf Wellen?

Surfer reiten mit Begeisterung auf Wellen. Je höher die Welle, umso besser. Die „besten“, also höchsten Wellen gibt es übrigens auf Hawaii.

Richtig oder Falsch?

Wellen können Schiffe zerbrechen.

RICHTIG. 1968 ließ eine Serie von über 30 m hohen Wellen einen stabilen Öltanker zerbrechen.

Die höchste Welle war mannshoch.

FALSCH. Die höchste Welle war mit 33 m so hoch wie drei Einfamilienhäuser.

Was verursacht die Gezeiten?

Zweimal am Tag überflutet das Meer den Strand, dann zieht es sich wieder zurück. Gezeiten werden durch Sonne und Mond hervorgerufen, die das Meer durch ihre Anziehungskraft ausbeulen. Das Wasser der Weltmeere schwappt dann wie in einer riesigen Schüssel hin und her.

Was ist die Spritzwasserzone?

Jener Teil der Steilküsten, der von anbrandenden Wellen gerade noch erreicht wird. Dort lebende Tiere und Pflanzen müssen sich fest anklammern, um nicht ins Meer gespült zu werden.

Gibt es im Meer Strömungen?

Ja, es sind riesige Wasserbänder, die wie Flüsse durchs Meer fließen. Die Meeresströmungen können warmes oder kaltes Wasser transportieren und so zur Erwärmung bzw. Abkühlung der Erde beitragen. Die gewaltige Westwinddrift entlang der Antarktis bewegt mehr als 2000-mal so viel Wasser wie der riesige Amazonas.

Richtig oder Falsch?

Alle Meere haben Gezeiten.

FALSCH. Im landumschlossenen Mittelmeer gibt es fast keinen Unterschied zwischen Ebbe und Flut.

Köderwürmer fressen Sand.

RICHTIG. Die geschlängelten Sandhäufchen am Strand sind die Ausscheidungen der Köderwürmer.

Ist der Meeresboden flach?

Nur die Hälfte des Meeresbodens ist flach und durch weite Ebenen geprägt. Der Rest ist stark zerklüftet. Wie an Land gibt es unter Wasser tiefe Täler, hohe Berge und Vulkane. Allerdings kannst du sie von oben nicht sehen.

Wie werden die Risse im Meeresboden genannt?

Sie heißen Gräben, und manche sind über 10 000 Meter tief. Tiefseegräben entstehen, wenn eine Platte der Erdkruste unter Wasser auf eine andere stößt und nach unten gedrückt wird.

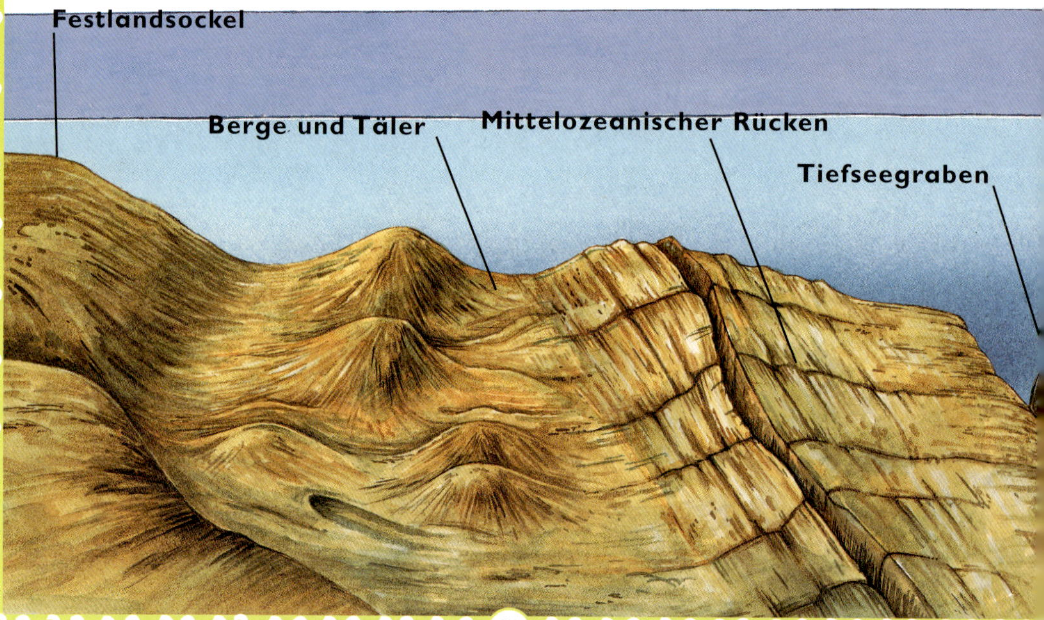

Gibt es Unterwasser-gebirge?

Unter der Meeresoberfläche gibt es tausende von Bergen. Alle sind Vulkane, aber nicht mehr alle sind aktiv. Im Atlantischen Ozean erstrecken sich Berge in einer langen Kette. Dieser längste Gebirgszug der Erde heißt Mittelatlantischer Rücken. Die höchsten Unterwasserberge sind mehr als 10 000 Meter hoch.

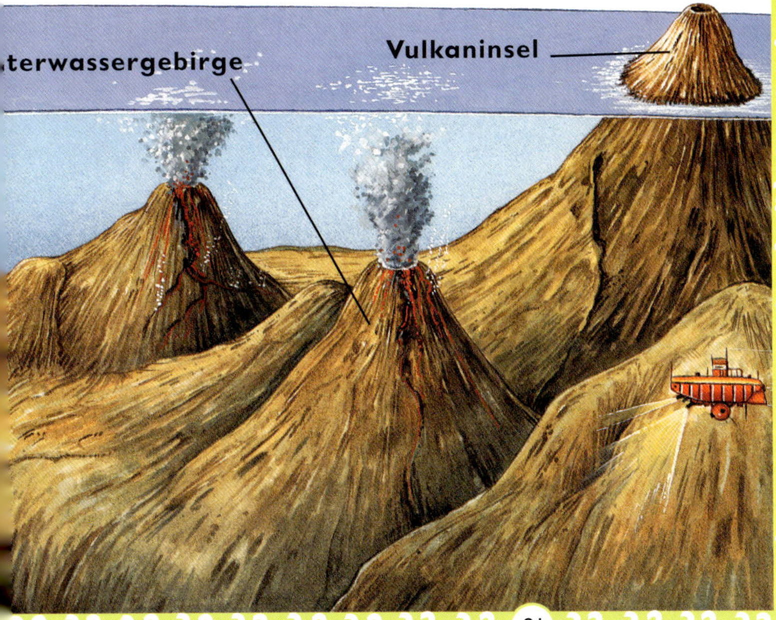

Richtig oder Falsch?

Einige Berge ragen aus dem Meer heraus.

RICHTIG. Einige Unterwasserberge sind so hoch, dass sie als Inseln aus dem Meer herausragen.

Kontinente haben einen Sockel.

RICHTIG. Den Bereich an der Küste, wo das Land langsam ins Meer abfällt, nennt man Festlandsockel.

Wie tief ist das Meer?

Der tiefste Punkt der Ozeane ist mit bis zu 11 000 Metern der Marianengraben im Pazifik. Das ist tief genug, um den höchsten Berg der Erde, den Mount Everest, zu verschlucken – und es wäre noch reichlich Platz übrig.

War schon jemand dort?

1960 drangen zwei Forscher mit einem Tauchboot fast bis zum Grund des Marianengrabens vor. Ihr Tauchgang dauerte etwa 5 Stunden. Die „Trieste“ war stabil genug gebaut, um dem gewaltigen Druck unter Wasser standhalten zu können.

„Trieste“

Was sind „Schwarze Raucher"?

Tief am Grund des Pazifischen Ozeans steigen aus Rissen im Meeresboden Fontänen mit sehr heißem Wasser auf. Im Wasser gelöste Chemikalien färben es schwarz. Einige der Stoffe setzen sich ab und bilden kaminartige Schlote um die Spalten. Man nennt sie „Schwarze Raucher", weil das schwarze Wasser wie Rauch aus einem Kamin quillt.

Richtig oder Falsch?

Taucher sind den Marianengraben entlangspaziert.

FALSCH. In dieser Tiefe würde ein Mensch vom Gewicht des Wassers platt gedrückt werden.

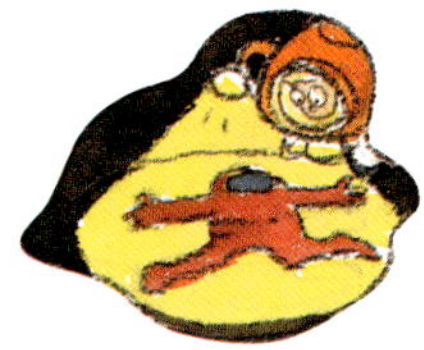

Je tiefer man taucht, umso wärmer wird das Meer.

FALSCH. In der Tiefsee ist es so kalt wie in einem Kühlschrank.

Welcher Fisch glüht im Dunkeln?

In der Tiefsee ist es stockdunkel, und viele Fische machen ihr eigenes Licht. Der Laternenfisch hat unter jedem Auge Lichter, die ihm bei der Nahrungssuche helfen, und die er an- und ausknipsen kann.

Wer hat ein Riesenmaul?

In der Tiefsee ist es schwierig, Nahrung zu finden. Der Pelikanaal hat deshalb ein riesiges Maul und einen dehnbaren Magen, um möglichst viel auf einmal verschlingen zu können.

Wer lebt am Grund des Ozeans?

Die Tiefsee ist dunkel und eiskalt, und doch leben dort tausende von Fischen und anderen Kreaturen. Tiefseefische und Riesenkalmare schwimmen im Wasser. Seesterne, Seeigel, Schwämme und seltsame walzenförmige Seegurken kriechen über den Meeresgrund.

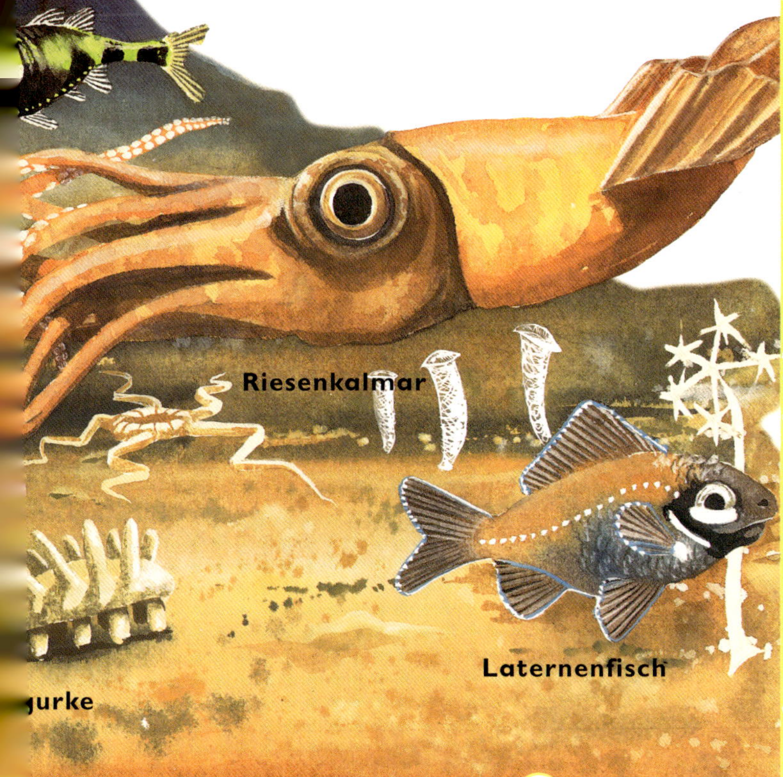

Richtig oder Falsch?

Anglerfische benutzen Angelruten.

RICHTIG. Anglerfische besitzen eine Flosse mit einem Lichtfleck an der Spitze zum Anlocken ihrer Beute.

Einige Fische haben Beine.

FALSCH. Fische haben keine echten Beine, aber der Dreifuß-Triton hat drei lange Stachelflossen zum Stehen auf dem Meeresboden.

Korallen wachsen im warmen, seichten Wasser entlang der Küste.

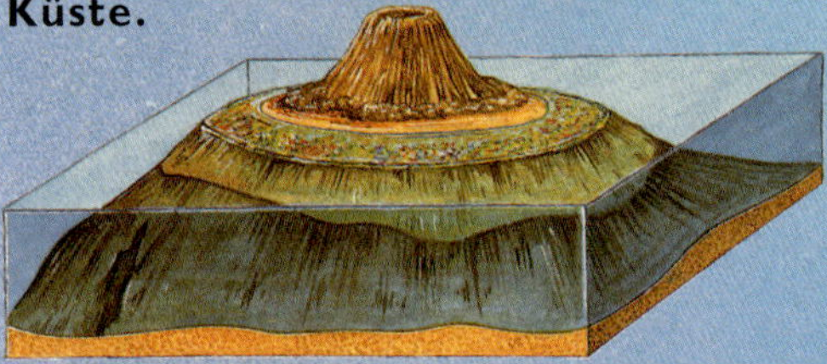

Auch wenn eine Insel absinkt oder der Meeresspiegel ansteigt, wachsen die Korallen weiter.

Wie wächst ein Korallenriff?

Ein Korallenriff besteht aus Millionen kleiner Meerestiere. Sie bilden ein hartes Skelett um ihren weichen Körper. Sterben si ab, bleiben die Skelette übrig un formen allmählich ein Riff.

Wo findest du Federn, Gänseblümchen und Teller?

Auf einem Korallenriff. Es sind alles Korallenarten, die wie Federn, Gänseblümchen oder Essteller aussehen. Andere Korallen ähneln kleinen Bäumchen oder Hirschgeweihen. Manche sehen wie ein Gehirn aus und können bis zu zwei Meter groß werden.

Wo liegt das größte Korallenriff?

Das größte Korallenriff der Welt wächst an der Nordostküste Australiens. Das Große Barriereriff zieht sich über mehr als 2000 Kilometer hin. Es ist uralt, denn es begann bereits vor etwa 18 Millionen zu wachsen.

Richtig oder Falsch?

Das Große Barriereriff ist aus dem All zu erkennen.

RICHTIG. Das Große Barriereriff ist so riesig, dass Astronauten es aus dem All sehen können.

Papageien leben im Meer.

FALSCH. Echte Papageien leben nicht im Meer, aber Papageifische, die Korallen fressen.

Wie entstehen Eisberge?

Eisberge sind riesige Eisbrocken, die vom Rand der Gletscher oder Eisflächen abbrechen. Sie treiben so lange im Meer, bis sie geschmolzen sind. Nur ihre Spitzen ragen aus dem Wasser, neun Zehntel befinden sich unter dem Meeresspiegel. Deshalb sind sie so gefährlich für Schiffe.

Ist es in der Arktis zu kalt für Tiere?

Das Nordpolarmeer ist zwar eiskalt, doch leben dort auch viele Tiere. Riesige Wale schwimmen im Meer, und Eisbären ziehen übers Eis und jagen Robben. Im Sommer wird es von Küstenseeschwalben bevölkert.

Wo liegt das Nordpolarmeer?

Das Nordpolarmeer liegt in der nördlichsten Zone der Erdkugel. Es ist das kleinste Weltmeer und fast das ganze Jahr mit Eis bedeckt. Der Nordpol bildet den Mittelpunkt des Nordpolarmeers.

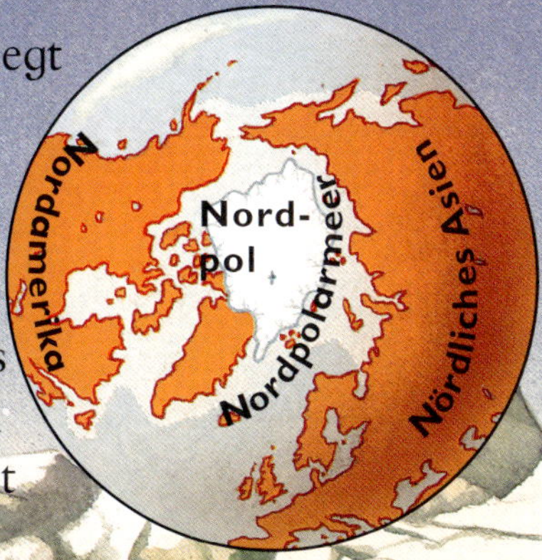

Richtig oder Falsch?

Pinguine leben am Nordpol.

FALSCH. Pinguine leben am anderen Ende der Welt, am Südpol.

Unter dem Eis des Südpols gibt es kein festes Land.

FALSCH. Der Südpol liegt in der Antarktis, die von einem dicken Eispanzer bedeckt ist.

Welche Tiere leben im Meer?

Riesige Haie, schnelle Fächerfische, Robben, Kalmare, Schildkröten, Garnelen, Wale, Kraken und viele, viele andere. Niemand weiß, wie viele Tierarten noch unentdeckt in der Tiefsee zu finden sind.

Was ist Plankton?

Milliarden winziger Pflanzen und Tiere leben dicht unter der Meeresoberfläche, man nennt sie Plankton. Plankton ist der Anfang der Nahrungskette. Fische fressen Plankton, dann werden sie selbst von größeren Fischen oder anderen Tieren wie Robben oder Walen gefressen.

Richtig oder Falsch?

Wale sind die größten Tiere.

RICHTIG. Blauwale sind die größten heute lebenden Tiere. Sie können bis zu 30 m lang und 130 t schwer werden.

Der kleinste Meeresfisch passt auf einen Fingernagel.

RICHTIG. Die Zwerggrundel ist lediglich gut einen Zentimeter lang.

Wie werden Fische gefangen?

Manche Fischer nehmen einfache Angelruten, Speere oder Reus zum Fischfang. Andere verwenden riesige Netze, die von spezie len Schiffen, den Trawlern, durchs Wasser gezogen werden. Au modernen Fangschiffen wird der Fisch gleich an Bord verarbeitet und tiefgefroren. So können die Schiffe Wochen auf See bleiben.

Wer sammelt Perlen?

Perlentaucher riskieren ihr Leben auf der Suche nach Perlen, die in den Schalen von Austern und Muscheln wachsen. Perlen sind rar und teuer. Die größte je gefundene Perle hatte die Größe eines Fußballs.

Wer bohrt im Meeresboden?

Menschen bohren auf der Suche nach Öl im Meeresboden. Öl ist aus kleinen urzeitlichen Tieren und Pflanzen entstanden, die zum Grund sanken. Von Sand und Schlamm bedeckt wurden sie in Millionen Jahren zu Öl.

Richtig oder Falsch?

Es gibt Gold im Meer.

RICHTIG. Es gibt eine Menge Gold im Meer, doch seine Gewinnung ist sehr schwierig.

Einige Fische leben in Farmen.

RICHTIG. Manche Fische und Schalentiere werden in Unterwasserkäfigen, so genannten Fischfarmen, gezüchtet.

Wer untersucht Schiffswracks?

Archäologen erforschen das Leben vergangener Zeiten anhand alter Gegenstände und Ruinen. Unterwasser-Archäologen interessieren sich für Schiffswracks auf dem Meeresgrund. Sie suchen nach aufschlussreichen Dingen wie Münzen, Kleidung und Ladung wie Gold und Silber.

Wozu brauchen sie Ballons?

Einige der Objekte sind schwierig zu transportieren, vor allem wenn sie schwer oder zerbrechlich sind. Die Archäologen legen sie in eine Kiste, hängen sie an einen luftgefüllten Ballon und lassen sie damit zur Oberfläche aufsteigen.

Kann man ein Wrack wieder flottmachen?

Ja, das geht. 1961 wurde das Wrack der 1628 gesunkenen „Wasa" mit Hilfe von Schwimmkränen gehoben. Heute steht das ehemalige Flaggschiff der schwedischen Marine in einem Museum in Stockholm.

Richtig oder Falsch?

Leuchttürme warnen Schiffe vor gefährlichen Felsen.

RICHTIG. Mit Blinklichtern weisen sie auf die Gefahr hin.

Taucher haben das Wrack der „Titanic" untersucht.

RICHTIG. 1985 fanden Taucher im Atlantik das Wrack der „Titanic". Sie ließen Kameras hinab, um es zu untersuchen.

Wer trägt einen Spezial-anzug?

Taucher müssen in großen Tiefen einen speziellen Taucheranzug tragen. Einige sind mit einer eigenen Atemluftversorgung ausgerüstet. Mit Greifarmen aus Metall können Werkzeuge für Arbeiten unter Wasser gehalten werden. Der Taucher auf dem Bild repariert ein Unterwasserkabel.

Was ist eine Aqualunge?

Eine Aqualunge ist eine Pressluftflasche, die sich der Taucher auf den Rücken schnallt. Über ein Ventil führt ein Schlauch zum Mund des Tauchers und liefert ihm Atemluft. Früher pumpte man von einem Boot an der Oberfläche Luft über einen langen Schlauch hinab zum Taucher. Der war dann allerdings wenig beweglich.

Was ist ein Tauchboot?

Ein Tauchboot ist eine Art Mini-U-Boot, das Taucher bei der Erforschung der Tiefsee und der Suche nach Schiffswracks einsetzen. Mit Tauchbooten wird auch das Leben am Grund der Ozeane erkundet.

Richtig oder Falsch?

Tiefseetaucher klingen wie Mickymaus.

RICHTIG. Die Sauerstoff-Helium-Mischung, die Tiefseetaucher atmen, verändert zeitweilig ihre Stimmen.

U-Boote können bis zum Meeresgrund tauchen.

FALSCH. Militärische U-Boote können nur etwa bis zu 700 m Tiefe tauchen, der Pazifik ist aber bis zu 11 000 m tief.

Was sind Meerjungfrauen?

Früher erzählten die Seeleute Geschichten von Meerjungfrauen, die Fischschwänze hatten und auf Klippen im Meer saßen. Dem Seemann, der eine Meerjungfrau fing, wurden drei Wünsche erfüllt, damit er sie wieder frei ließ.

Was ist Seemannsgarn?

Auf ihren langen Reisen erzählten („sponnen") sich die Seeleute gegenseitig immer abenteuerlichere Geschichten, das Seemannsgarn.

Wo liegt Atlantis?

Niemand weiß es wirklich. Der Sage nach war Atlantis eine alte Stadt auf einer Insel im Atlantik. Ihre Bürger waren sehr reich und mächtig. Eines Tages versank die Insel, und bis heute hat man keinerlei Spur von ihr gefunden.

Richtig oder Falsch?

Neptun war der römische Meeresgott.

RICHTIG. Neptun war der Gott des Meeres und er herrschte über Wellen und Erdbeben.

Seeleute dachten, sie würden über den Rand der Erde fallen.

RICHTIG. Früher glaubte man, die Erde sei eine flache Scheibe, und wer sich zu weit vorwagte, würde herabfallen.

Warum ist ein Sonnenuntergang rot?

und andere Fragen zum Wetter

Warum ändert sich das Wetter?

Wie wird das Wetter heute? Sonnig oder regnerisch, windig oder windstill? Nur in wenigen Gegenden der Welt bleibt das Wetter über Tage und Wochen hinweg gleich. Das Wetter wird von mächtigen Strömungen beeinflusst, die die Erde umkreisen. Wechselt der Wind, wechselt meist auch das Wetter.

Warum weht der Wind?

Wind ist bewegte Luft. Erwärmte Luft dehnt sich aus, denn sie ist leichter als kalte, weshalb sie nach oben steigt – genau wie ein Heißluftballon. Wenn die Warmluft in den Himmel steigt, strömt Kaltluft nach, um ihren Platz einzunehmen.

Wie beeinflusst die Sonne das Wetter?

Ohne die Sonne gäbe es kein Wetter. Ihre Strahlen erwärmen Landmassen und Ozeane, die wiederum die sie umgebenden Luftschichten aufheizen. Einige Teile der Erde werden heißer als andere, und diese Temperaturunterschiede verursachen die mächtigen Windströmungen, die das Wetter um die Erde blasen.

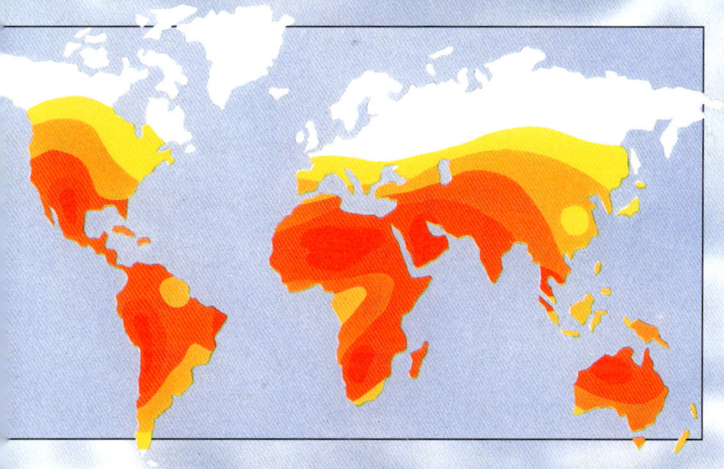

ırchschnittstemperaturen auf der Erde. Dunklere rben zeigen höhere Temperaturen, hellere Farben edrigere Temperaturen an.

Richtig oder Falsch?

Im Weltall gibt es Luft.

FALSCH. Im All gibt es keine Luft. Die Erde ist nur von einer dünnen Luftschicht, der Atmosphäre, umgeben.

Flugzeuge fliegen hoch über dem Wetter.

RICHTIG. Das Wettergeschehen findet nur im erdnahen Teil der Atmosphäre statt. Für einen ruhigen Flug fliegen die Jets darüber hinweg.

Was ist die Atmosphäre?

Die Atmosphäre ist die dünne Luftschicht, die unseren Planeten umgibt und ihn schützt. Die Luft ist ein Gemisch unsichtbarer Gase, hauptsächlich Stickstoff und Sauerstoff.

Wo ist die Ozonschicht?

In der Erdatmosphäre gibt es eine geringe Menge Ozongas, doch es ist sehr, sehr wichtig. In etwa 30 Kilometer Höhe bildet das Ozon eine Schicht, die uns wie ein Sonnenschutz vor den gefährlichen Sonnenstrahlen schützt.

Was ist das Gefährliche am Sonnenlicht?

Die Sonne sendet gefährliche Strahlen, das ultraviolette Licht, aus. Auch wenn wir es nicht sehen können, ist es doch so kräftig, dass es die Haut verbrennen und Blasen verursachen kann. Sonnencremes schützen uns vor diesem UV-Licht. Wenn du im Sommer draußen bist, creme dich gut damit ein und trage eine Kopfbedeckung!

Richtig oder Falsch?

In der Ozonschicht sind Löcher.

RICHTIG. Das größte Loch liegt über dem Südpol und es lässt gefährliche Sonnenstrahlen zur Erde durch.

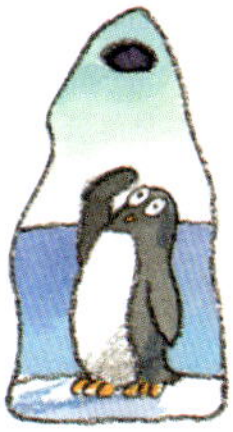

Du kannst im All atmen.

FALSCH. Je höher man steigt, um so dünner wird die Atemluft. Das All beginnt etwa ab 300 km über der Erdoberfläche.

Wie sagen Meteorologen das Wetter voraus?

Mit speziellen Instrumenten sammeln sie weltweit Daten zu Temperatur, Luftdruck oder Windrichtung. Alle Daten werden in Supercomputer eingegeben, zu Wettervorhersagen verarbeitet und als Wetterkarten ausgegeben, wie wir sie aus dem TV-Wetterbericht kennen.

Was sind Wetterstationen?

In diesen Einrichtungen zeichnen Instrumente alles, von der Windgeschwindigkeit, der Windrichtung bis zur Temperatur und Luftfeuchtigkeit, auf.

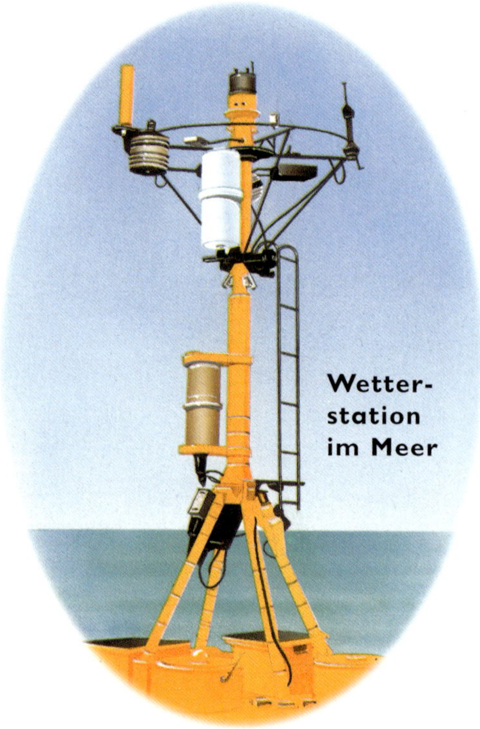

Wetterstation im Meer

Wetterflugzeug

Was leisten Wetterflugzeuge?

Auch im Satellitenzeitalter werden noch immer Wetterflugzeuge eingesetzt. Sie steigen hoch in die Atmosphäre auf und liefern eine Vielzahl von Daten. Ergänzt werden diese Informationen um die Ergebnisse von Wetterballons und Wetterschiffen auf See.

Richtig oder Falsch?

Wettervorhersagen stimmen immer.

FALSCH. Die Vorhersagen für die nächsten 12 bis 24 Stunden sind meist zutreffend. Längerfristige Prognosen sind weniger zuverlässig.

Kiefernzapfen können das Wetter vorhersagen.

RICHTIG. Wenn du sie draußen aufhängst, öffnen sie sich bei trockenem Wetter und schließen sich bei aufziehendem Regen.

Woraus bestehen Wolken?

Wolken setzen sich aus Milliarden von Wassertröpfchen oder Eiskristallen zusammen, die so winzig und leicht sind, dass sie in der Luft schweben. Es handelt sich um gasförmigen Wasserdampf, der beim Abkühlen zu Wassertröpfchen kondensiert, und der bei großer Kälte zu Eiskristallen gefriert.

Was ist Nebel?

Im Nebel zu laufen ist fast so, wie durch eine Wolke zu treiben. Auch der Nebel besteht aus kleinsten Wassertröpfchen. Anders als Wolken bildet sich Nebel aber direkt über dem Boden.

Richtig oder Falsch?

Manche Wolken sehen wie Ufos aus.

RICHTIG. Sie heißen Lenticularis-Wolken und bilden sich über Bergkuppen.

Im Nebel sieht man kaum etwas.

FALSCH. Meteorologen sprechen dann von Nebel, wenn die Sichtweite weniger als 1 Kilometer beträgt. Sieht man weiter, ist es dunstig.

Wie viele verschiedene Wolkenarten gibt es?

Die Experten teilen die Wolken in drei Hauptgruppen ein und benennen sie nach ihrer Form. Die dünnen, gekräuselten Zirrus-Wolken stehen ganz hoch am Himmel. Stratus-Wolken bilden Lagen oder Schichten näher am Boden. Hoch fliegende Stratus heißen Altostratus. Hoch aufgetürmte Wolken nennt man Kumulus.

Können Wolken etwas über das Wetter sagen?

Sicherlich. Schmal aufgetürmte Kumulus-Wolken sind ein sicheres Zeichen für gutes Wetter. Wenn du hohe Zirrus- oder Altostratus-Wolken siehst, gibt es möglicherweise Regen, also den Schirm nicht vergessen! Schichtförmige Stratus-Wolken bringen meist Nieselregen.

Richtig oder Falsch?

Ein „Makrelen-Himmel“ ist nach einem Fisch benannt.

RICHTIG. Engländer benennen die hohen Kumulus-Wolken nach der lebhaftenden Musterung der Makrele „mackerel sky“.

Nur der Planet Erde hat Wolken.

FALSCH. Auch andere Planeten wie Venus, Jupiter, Uranus und Neptun haben Wolken.

Was sind die höchsten Wolken?

Gewitterwolken sind riesige, scheinbar schwarze Wolken, die sich bis zu 18 Kilometer Höhe auftürmen können.

Die Meteorologen nennen Gewitterwolken Kumolonimbus.

Was ist ein Blitz?

Ein Blitz ist eine gewaltige elektrische Funkenentladung, die während eines Gewitters von Wol zu Wolke oder hin auf den Boden zischt. Der Blitz ist so heiß, dass er die Luft stark erhitzt und diese mit einer ohrenbetäubenden Donnerschlag explodiert.

Warum sehen wir den Blitz, bevor wir den Donner hören?

Licht bewegt sich schneller als der Schall. Du kannst die Entfernung des Gewitters abschätzen, wenn du die Sekunden zwischen Blitz und Donner zählst. Durch drei geteilt erhältst du die Entfernung in Kilometern.

Richtig oder Falsch?

Ein Blitz ist heißer als die Sonnenoberfläche.

RICHTIG. Blitze werden bis zu 33 000 °C heiß, fünfmal heißer als die Oberfläche der Sonne.

Ein Blitz schlägt nie zweimal an derselben Stelle ein.

FALSCH. Das Empire State Building in New York wurde schon 15-mal in 15 Minuten getroffen.

Warum regnet es?

Wenn die Wassertröpfchen in den Wolken zusammenstoßen, verschmelzen sie, werden größer und schwerer. Sie wachsen so lange, bis sie zu schwer sind, um in der Luft zu schweben, und fallen dann als Regen zu Boden.

Wann entsteht ein Regenbogen?

Regenbogen haben etwas Magisches, denn sie bilden sich nur, wenn es regnet und gleichzeitig die Sonne scheint – was relativ selten der Fall ist. Das Sonnenlicht sieht zwar weiß aus, es setzt sich aber aus allen Farben des Regenbogens zusammen: Rot, Orange, Gelb, Grün, Blau, Indigo (Blauviolett) und Violett. Die Regentropfen zerlegen das Sonnenlicht in seine einzelnen Farben, und wir sehen einen wunderschönen Regenbogen.

Richtig oder Falsch?

Es kann Fische und Frösche regnen.

RICHTIG. Fegt ein Tornado über das Wasser, kann er die Tiere aufsaugen und über Land mit dem Regen fallen lassen.

Regentropfen haben Tränenform.

FALSCH. Sie sind rund und unten leicht abgeflacht.

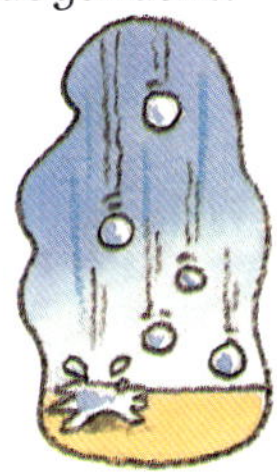

Warum ist der Himmel blau?

Auf dem Weg zur Erde muss Sonnenlicht die Atmosphäre passieren. Dort werden die Spektralfarben des Lichts unterschiedlich stark gestreut. Violett, Indigo, Blau und Grün werden besonders stark gestreut. Die Mischung dieser Farben ergibt das Blau des Himmels.

Rotes, grünes und blaues Licht kann man zu weißem Licht mischen.

Warum ist ein Sonnenuntergang rot?

Beim Auf- bzw. Untergehen steht die Sonne besonders tief am Himmel und ihr Licht muss einen weiten Weg durch die Atmosphäre zurücklegen. Gelb, Orange und Rot werden am wenigsten gestreut und mischen sich zu einem intensiven Rot-orange.

Was macht den Himmel grau?

Wenn du alle Farben deines Malkastens zusammenmischst, kommt ein schmutziges Grau dabei heraus. Das Gleiche passiert an einem wolkigen Himmel: Die Farben des Sonnenlichts vermischen sich zu einem Grauton.

Richtig oder Falsch?

Im All ist der Himmel blau.

FALSCH. Dort gibt es keine Atmosphäre, die die Farben des Lichts streut. Astronauten sehen einen schwarzen Himmel.

Abendrot – gut Wetter Bot.

RICHTIG. Bei Westwind folgt auf einen roten Sonnenuntergang meist ein schöner Tag. Alte Wettersprüche sind oft recht zuverlässig.

Was sind Jahreszeiten?

In vielen Teilen der Erde verändert sich das Klima im Jahresverlauf. Diese Wechsel heißen Jahreszeiten. Der Winter ist die kälteste, viele Bäume haben dann keine Blätter. Der Frühling bringt neues Wachstum. Dann kommt die wärmste Jahreszeit, der Sommer. Im Herbst wird es wieder kühler, und der Winter kommt danach zurück.

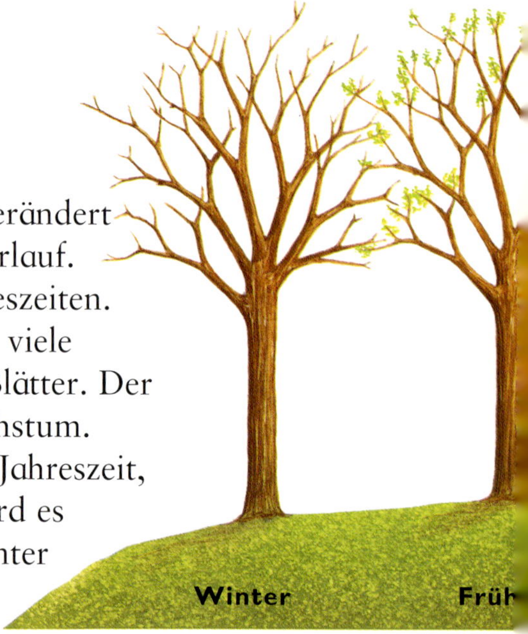

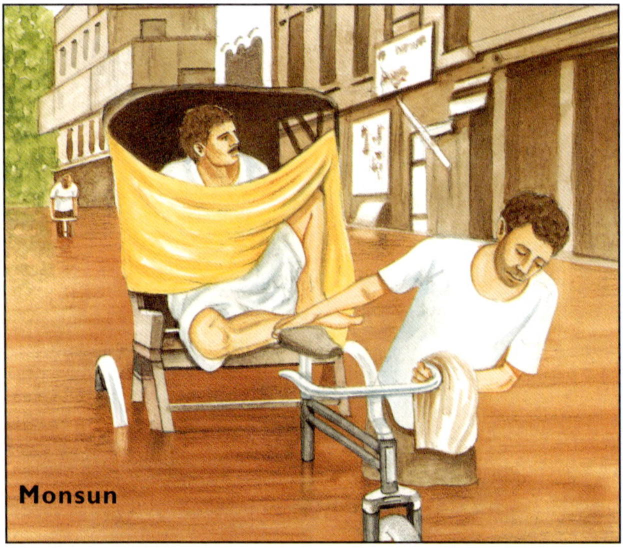

Monsun

Was ist de Monsun?

Der Monsun ist ei jahreszeitlich auftr tender Wind in tr schen Ländern mi heftigen Regenfäll In Indien dauert d Monsunperiode v Juni bis Septembe Dann fällt fast die gesamte jährliche Niederschlagsmen

Wo gibt es nur zwei Jah-
reszeiten?

ı einigen Gegenden ibt es nur zwei Jah- ·szeiten. In der Re- enzeit kann es über Ionate Dauerregen ·ben. Während der rockenzeit regnet es ɔum, und der Boden ird zu einer rissigen, sten Kruste.

Ausgetrocknetes Flussbett

Richtig oder Falsch?

Im Januar ist überall auf der Erde Winter.

FALSCH. Nur nördlich des Äquators ist im Januar Winter, in Südafrika ist im Januar Sommer.

An einigen Orten ist es den ganzen Winter dunkel.

RICHTIG. In Polnähe ist es im Winter 24 Stunden am Tag dunkel. Im Sommer geht dafür die Sonne nie unter.

Schneeflocken

Wie kalt ist Schne

Schneeflocken bestehen aus vielen kleinen Eiskristallen, die sich aus Wasserdampf bilden, wenn die Temperatur in den Wolken unter den Gefrierpunkt von 0 °C fällt. Werden die Schneeflocken so gro und schwer, dass sie nicht mehr schweben, fallen sie als Schnee.

Was ist Raureif?

Manchmal, wenn du an einem kalten Wintermorgen die Vorhänge öffnest, sehen Bäume, Häuser und die Landschaft wie mit feinem, weißem Puder überzogen aus. Das ist zu Reif gefrorener Tau. Tau bildet sich, wenn in klaren, windstillen Nächten der Wasserdampf der Luft in Bodennähe zu kleinen Tröpfchen kondensiert. Ist es kalt genug, gefriert er dabei zu Raureif.

Richtig oder Falsch?

Alle Schneeflocken sehen gleich aus.

FALSCH. Keine ist wie die andere. Sie bestehen aus Eiskristallen, und jedes Kristall hat ein anderes sechseckiges Muster.

Schneeflocken können groß wie Teller sein.

RICHTIG. 1887 fielen bei einem Schneesturm in den USA Flocken von 37 cm Durchmesser.

Was ist Hagel?

Hagelkörner sind Eisklumpen, die sich manchmal in Gewitterwolken bilden. Am Anfang sind sie gefrorene Regentropfen oder Graupeln, die beim Herumwirbeln in der Gewitterwolke immer größer und schwerer werden. Irgendwann sind sie so schwer, dass sie wie Kugeln zu Boden prasseln.

Hagelkörner bestehen aus mehreren Eisschichten, wie diese Schnittzeichnung zeigt.

Wie schnell fegt ein Blizzard dahin?

Ein Blizzard ist ein dichter Schneesturm, der mit über 50 km/h übers Land fegt. Als würde das nicht reichen, sinken dabei die Temperaturen manchmal auf bis zu minus 12 °C – brrr!

Richtig oder Falsch?

Hagelkörner können dick wie Bowlingkugeln sein.

RICHTIG. Die meisten haben Erbsengröße. Manche sind viel größer, wie ein 1970 gefundenes Hagelkorn mit 20 cm Durchmesser.

Pinguine kuscheln sich im Blizzard zusammen.

RICHTIG. In der Antarktis gibt es besonders heftige Blizzards. Die Pinguine überstehen sie in Gruppen eng zusammen gekuschelt.

Wie stark sind Sturmwinde?

1806 erarbeitete der englische Admiral Sir Francis Beaufort eine von 0 bis 12 reichende Skala der Windstärke. „0“ bedeutet Windstille, bei „3“ weht eine schwache Brise, und Blätter bewegen sich. Bei „10“ und darüber herrscht schwerer Sturm, Bäume werden entwurzelt und Häuser beschädigt.

Die Meteorologen messen die Windgeschwindigkeit mit einem so genannten Anemometer.

Beaufort-Skala

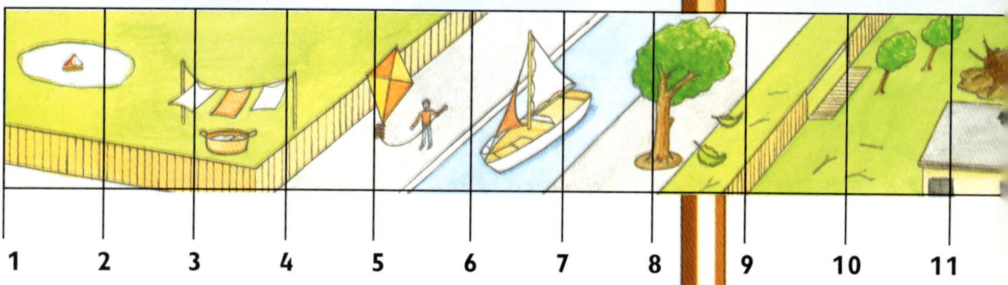

Was ist ein Sandsturm?

Bei einem Sandsturm wirbeln heftige Winde Sand vom Boden auf und fegen ihn in einer kratzenden, atemraubenden Wolke durch die Luft. Solche Stürme gibt es vor allem in Wüsten, sie können aber auch an einem Strand oder in einem ausgetrockneten Flussbett entstehen.

Richtig oder Falsch?

Sandstürme können Autos blank schmirgeln.

RICHTIG. Der vom Wind getriebene Sand ist so rau, dass er wie Sandpapier jede Farbe abschmirgelt.

Säcke dienen zur Windmessung.

RICHTIG. Windsäcke zeigen an Flughäfen die Windrichtung und Windgeschwindigkeit an.

Wie schnell rotiert ein Hurrikan?

Hurrikans sind Wirbelstürme d Stärke 12 mit Windgeschwindi keiten über 250 km/h. Sie bilde sich über dem tropischwarmen Ozeanwasser in Äquatornähe. Die meisten toben auf dem Meer. Erreichen sie die Küste, können sie ganze Städte verwüsten.

Was ist das Auge eines Hurrikans?

Das ruhige Zentrum des Hurrikans, um das herum die Sturmwinde heulen. Es hat meist einen Durchmesser von 20 Kilometer. Ein großer Hurrikan kann über 300 Kilometer Durchmesser erreichen.

Ein Hurrikan, aus dem All betracht

Anders als Hurrikans entstehen Tornados über dem Festland.

Was ist ein Tornado?

Tornados sind eine andere Form von Wirbelstürmen, und obwohl sie kleiner sind, können sie schlimmer als Hurrikans wüten. Ihr Zentrum wirkt wie ein riesiger Staubsauger, der alles aufsaugt, was in seinem Weg liegt.

Richtig oder Falsch?

Stürme sind schneller als Hurrikans.

FALSCH. Selbst wenn sie stark genug sind, um Bäume zu entwurzeln, erreichen sie selten mehr als 100 km/h.

Tornados drehen sich schneller als Hurrikans.

RICHTIG. Sie können mit bis zu 500 km/h rotieren.

Was ist saubere Energie?

Beim Verbrennen von Kohle oder Öl zur Stromerzeugung in Kraftwerken werden Schadstoffe freigesetzt. Auch die Autos produzieren Abgase. Es gibt aber auch saubere Energiequellen, die die Umwelt nicht verschmutzen.

Windräder sind eine Möglichkeit, elektrische Energie zu gewinnen. Sie werden von der natürlichen Energie des Windes angetrieben.

Wie können wir die Sonnenenergie nutzen?

Die Sonne beeinflusst mit ihrer Energie das Wetter auf der Erde, doch dafür ist nur ein Bruchteil ihrer Wärme- und Lichtenergie notwendig. Sonnenkollektoren sind eine clevere Erfindung, um die Sonnenenergie zu sammeln und in Elektrizität zu verwandeln – ganz ohne Verschmutzung von Luft und Wasser.

Richtig oder Falsch?

Wir nutzen die Windenergie schon seit Tausenden von Jahren.

RICHTIG. Für alles Mögliche, vom Wäschetrocknen bis zum Segelbootfahren.

Wir verbrauchen mehr Energie, als die Sonne produzieren kann.

FALSCH. Die Sonne produziert pro Stunde mehr Energie, als die Erdbevölkerung im ganzen Jahr verbraucht.

Fragen und Antworten zu

Wissenschaft und Natur

WIE ENTSTEHEN SCHATTEN?

und andere einfache naturwissenschaftliche Fragen

WAS MACHEN MEINE LUNGEN?
und andere Fragen zu meinem Körper

WELCHE TIERE HABEN SCHUPPEN?
und andere Fragen zu verschiedenen Tierarten

WARUM SIND URWÄLDER IN GEFAHR?
und andere Fragen zu Dingen, die wachsen

Wie entstehen Schatten?

und andere einfache naturwissenschaftliche Fragen

Aus was besteht Luft?

Luft ist ein Gemisch unsichtbarer Gase. Sie enthält hauptsächlich Stickstoff und Sauerstoff, aber auch Kohlendioxid, Wasserdampf und andere Gase, dazu Spuren von Salz, Staub und Schmutz.

Wie merkt man, dass Luft da ist?

Wir können die Luft nich sehen oder schmecken, si aber fühlen und hören, wenn der Wind bläst. Wind ist bewegte Luft, er lässt Bäume schwanken und Blätter rauschen und treibt Segelboote über da Wasser.

Gibt es im Weltraum Luft?

Die Lufthülle der Erde heißt Atmosphäre. In etwa 500 Kilometer Höhe über der Erdoberfläche verliert sie sich allmählich im Nichts, und das Weltall beginnt. Im All gibt es keine Luft, doch auch die meisten anderen Planeten haben ihre eigene Atmosphäre.

Richtig oder Falsch?

Wir brauchen Luft zum Leben.

RICHTIG. Menschen und Tiere würden ohne Sauerstoff sterben.

Auf dem Mars gibt es Luft.

RICHTIG. Doch die Atmosphäre des Mars besteht hauptsächlich aus Kohlendioxid, für Menschen reicht der Sauerstoff nicht aus.

Was ist Dampf?

Wenn Wasserdampf auf etwas Kaltes trifft, kühlt er ab und verwandelt sich vom unsichtbaren Gas zurück in eine Flüssigkeit. Dampf können wir sehen, weil er aus unzähligen Wassertröpfchen besteht.

Wo bleibt das Wasser, wenn Pfützen austrocknen?

Wasser wird unsichtbar, wenn es sehr heiß wird. Wenn die Sonne es aufheizt, verwandelt sich Wasser in ein unsichtbares Gas und verschwindet in der Luft.

Wie entsteht Eis?

Eis entsteht, wenn Wasser sehr kalt wird – es gefriert dann und wird fest. Die meisten Stoffe gehen beim Erhitzen vom flüssigen in den gasförmigen Zustand über, und beim starken Abkühlen werden Flüssigkeiten fest.

Richtig oder Falsch?

Der Mensch besteht aus Wasser.

RICHTIG. Etwa zwei Drittel unseres Körpers ist Wasser. Bei Elefanten sind es 70 % und bei Würmern 80 %.

Eisberge können groß wie Wolkenkratzer sein.

RICHTIG. Kaum zu glauben, aber der größte beobachtete Eisberg war über 150 m hoch.

Warum dehnen sich Ballons aus

Zum einen, weil du v
Luft in sie hineinbläst
Der andere Grund ist
dass sie aus einem seh
dehnbaren Material,
aus Gummi, bestehen
Vergiss aber nicht, de
Ballon mit einem
Knoten zu ver-
schließen, son
schrumpft er
ganz schnell
zusammen.

Warum schweben Luftschiffe?

Dinge, die leichter als ihre Umgebung sind, schweben nach oben. Ein mit Luft gefüllter Ballon ist etwa genauso schwer wie die Luft um ihn herum, deshalb schwebt er nicht so gut. Füllt man ihn mit einem Gas wie Helium, das viel leichter als Luft ist, schwebt er besser. Mit Helium werden Luftschiffe und Partyballons gefüllt.

Richtig oder Falsch?

Luft kann man nicht wiegen.

FALSCH. Wie alles auf der Erde hat auch Luft ein Gewicht. 4000 Luftballons sind so schwer wie ein Becher Eiscreme.

Fischen hilft ein Ballon beim Schwimmen.

RICHTIG. Die meisten Fische haben eine mit Luft gefüllte Schwimmblase, die ihnen beim Schwimmen hilft.

Warum schwimmt meine Gummiente?

Luft ist leichter als Wasser, und eine Gummiente schwimmt unter anderem, weil sie mit Luft gefüllt ist. Auch das Wasser hilft dabei, denn es drückt die Ente durch den so genannten Auftrieb nach oben.

Warum steigt das Wasser, wenn ich ins Bad steige?

Wenn du ins Bad steigst, drückt dein Körper das Wasser zur Seite. Es kann nur nach oben ausweichen, und so steigt der Wasserspiegel.

Warum versinkt die Seife?

Dinge schwimmen nur dann im Wasser, wenn sie leichter sind als die von ihnen verdrängte Wassermenge. Sind sie schwerer, reicht der Auftrieb nicht. Ein Stück Seife versinkt, weil es schwerer als das von ihm verdrängte Wasser ist.

Richtig oder Falsch?

In Salzwasser schwimmt man leichter.

RICHTIG. Salzwasser erzeugt mehr Auftrieb als Süßwasser.

Duschen sind eine moderne Erfindung.

FALSCH. Die ersten Duschen benutzten vor mehr als 2500 Jahren die alten Griechen.

Wo bleibt der Zucker im heißen Tee?

Der Zucker verschwindet nicht nur in heißen, sondern auch in kalten Getränken. Er verschwindet nicht ganz, denn du schmeckst ihn ja noch. Du kannst ihn nur nicht mehr sehen, weil er sich vollständig in der Flüssigkeit aufgelöst hat.

Warum hat Limonade Bläschen?

Die Bläschen in sprudelnden Getränken sind Kohlendioxid. Wenn die Flasche verschlossen ist, kannst du sie nicht sehen, denn das Gas ist im Wasser gelöst. Eine Menge Kohlendioxid wird in das Getränk gepresst, es entweicht beim Öffnen der Flasche.

Richtig oder Falsch?

Auch Fische atmen Luft.

FALSCH. Sie „atmen“ den im Wasser gelösten Sauerstoff.

Salz kommt aus dem Meer.

RICHTIG. Zur Salzgewinnung wird Meerwasser erhitzt, wobei sich das Wasser verflüchtigt und das Salz zurückbleibt.

Warum sehen wir im Dunkeln nichts?

Weil kein Licht da ist. Gegenstände wie Bäume und Häuser strahlen auch am Tag kein eigenes Licht aus. Wir sehen sie nur, weil Sonnenlicht von ihnen in unsere Augen zurückgeworfen wird. Man nennt das Reflexion.

Warum kann ich mich im Spiegel sehen?

Trifft Licht auf eine raue Oberfläche wie eine Wolldecke, wird es in alle Richtungen zerstreut wie ausgeschütteter Zucker. Trifft Licht auf etwas Glattes wie einen Spiegel, kommt es direkt zurück, so wie ein Ball von einer Wand zurückspringt. Du siehst dich im Spiegel, weil Licht vom Gesicht in den Spiegel fällt und von dort in deine Augen reflektiert wird.

Richtig oder Falsch?

Der Mond leuchtet mit seinem eigenen Licht.

FALSCH. Das Mondlicht ist lediglich reflektiertes Sonnenlicht.

Katzen haben Spiegel in den Augen.

RICHTIG. Katzenaugen haben eine spiegelartige Schicht, um im Dunkeln besser zu sehen.

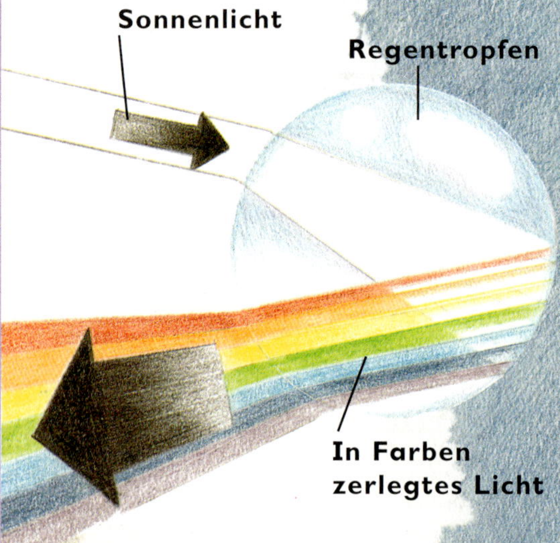

Ist Licht weiß?

Licht sieht manchmal weiß aus, doch es ist eine Mischung aller Farben des Regenbogens – Rot, Orange, Gelb, Grün, Blau, Indigo (Blau-violett) und Violett.

Wie entsteht ein Regenbogen?

Wenn Sonnenlicht durch Wassertropfen fällt, zerlegen diese das weiße Licht in seine Spektralfarben, und wir sehen einen Regenbogen.

Warum ist Gras grün?

Wenn Licht irgendwo auftrifft, werden nur bestimmte Farben reflektiert. Gras sieht grün aus, weil es nur das grüne Licht zurückwirft – die anderen Farben werden geschluckt.

Richtig oder Falsch?

Man kann zum Ende eines Regenbogens gehen.

FALSCH. Wenn du dich bewegst, bewegt sich auch der Regenbogen – du stehst immer in seiner Mitte.

Vögel sehen keine Farben.

FALSCH. Viele Tiere sehen keine Farben, Vögel aber sehr wohl.

Warum wird es beim Öffnen der Vorhänge hell?

Licht kann durch manche Materialien wie Fensterglas hindurchgehen, durch andere nicht. Lichtdurchlässige Materialien bezeichnet man als transparent.

Wie entstehen Schatten?

Dein Körper ist nicht transparent, er blockiert das Licht und wirft einen dunklen Schatten. Teste das an einem sonnigen Tag: Um deinen Schatten zu sehen, stellst du dich mit dem Rücken zur Sonne.

Warum wird es beim Zuziehen der Vorhänge dunkel?

Dinge, die das Licht nicht durchlassen, nennt man lichtundurchlässig. Wenn Vorhänge aus dickem Stoff bestehen, können sie so lichtundurchlässig sein, dass sie einen Raum auch am Tag verdunkeln können.

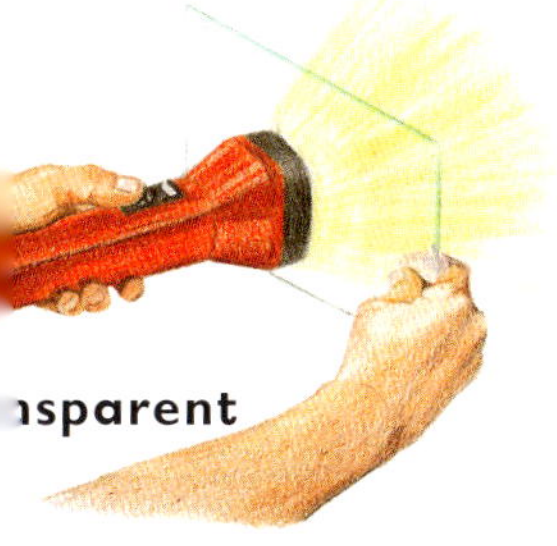

nsparent

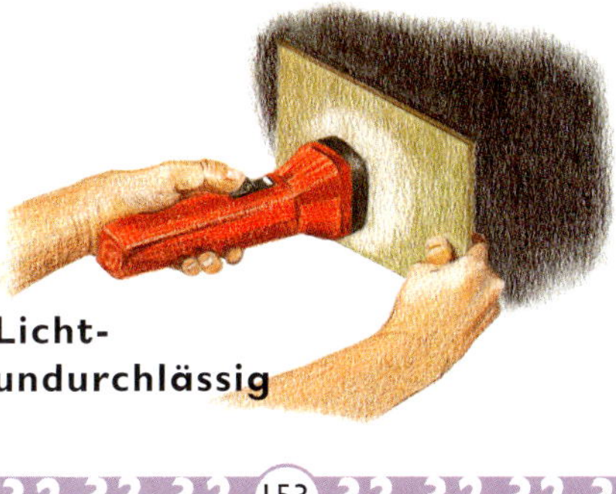

Licht-
undurchlässig

Richtig oder Falsch?

Du kannst über deinen Schatten springen.

FALSCH. Dein Schatten bewegt sich mit dir.

Schatten können die Zeit anzeigen.

RICHTIG. Sonnenuhren zeigen mit dem Schatten die Zeit an.

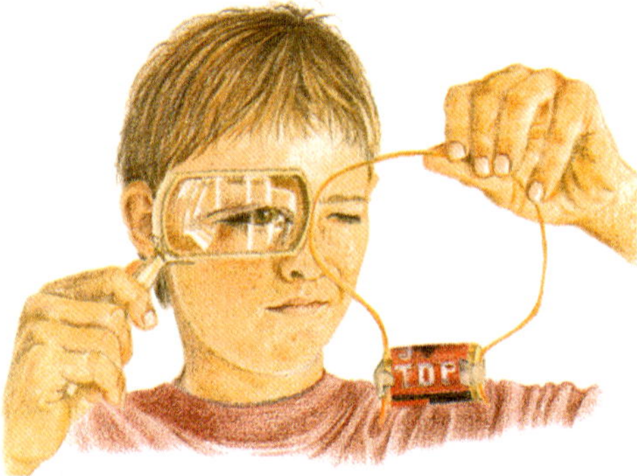

Warum kann man Elektrizität nicht sehen?

Elektrizität entsteht aus Elektronen, winzigen Teilchen, die wir nicht sehen können.

Wo kommt der Strom her?

Elektrische Energie oder Strom wird in Kraftwerken durch Generatoren genannte Maschinen erzeugt. Elektrizität ist eine Form der Energie. Sie kommt durch in der Erde vergrabene Kabel oder hoch an Masten hängende Leitungen zu uns in die Häuser und Städte.

Elektrizität ist sehr gefährlich – Frage immer einen Erwachsenen, bevor du ein Elektrogerät benutzt!

Wie kann ich Elektrizität erzeugen?

Ungefährliche Elektrizität entsteht so: Reibe einen Ballon an einem Nylonpullover. Diese so genannte statische Elektrizität wirkt anziehend, und der an die Wand gedrückte Ballon bleibt dort haften.

Richtig oder Falsch?

Aus Wind wird Strom gewonnen.

RICHTIG. Stromgeneratoren werden mit Wind, Wasser, Kohle, Öl, Gas oder Kernbrennstoff betrieben.

Unsere Elektrizität kommt vom Himmel.

FALSCH. Blitze sind Entladungen statischer Elektrizität, sie werden aber nicht als Stromquelle genutzt.

Warum gehen Geräte aus, wenn man sie ausschaltet?

Bitte einen Erwachsenen, dir beim Zusammenbau dieses einfachen Schaltkreises zu helfen!

Elektrizität funktioniert nur in einem geschlossenen Stromkreis. Das Betätigen des Schalters unterbricht den Kreis, der Stromfluss wird gestoppt, und elektrische Geräte wie Leuchten gehen aus. Beim Einschalten wird der Kreis geschlossen, und sie arbeiten wieder.

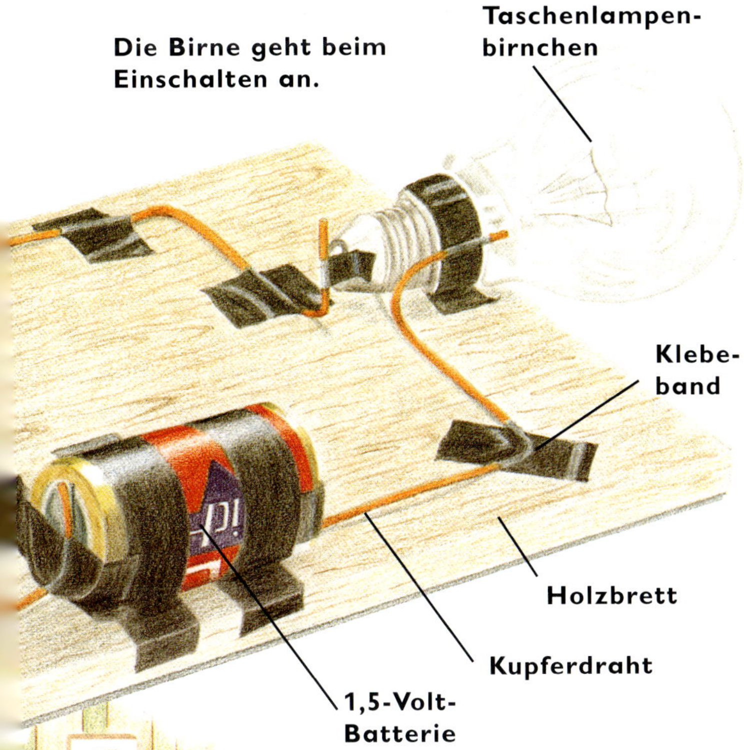

Wie machen Batterien Elektrizität?

In einer Batterie befinden sich Metalle und besondere Chemikalien, die miteinander reagieren und dabei Strom abgeben. Die Chemikalien sind gefährlich, also nie eine Batterie aufmachen!

Richtig oder Falsch?

Eine Zitrone ist eine Batterie.

RICHTIG. Wenn man einen Kupferdraht und eine Büroklammer hineinsteckt, reagieren die Metalle mit dem Zitronensaft, und Elektrizität entsteht.

Raumfahrzeuge haben Batterien.

RICHTIG. Die Batterien liefern Strom für Beleuchtung und Maschinen.

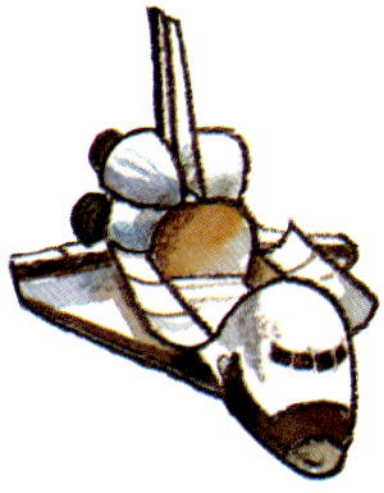

Wie kann ich den Schall sehen?

Schall ist eine Art Energie, die entsteht, wenn etwas schwingt oder zittert und die Luft der Umgebung vibrieren lässt. Die Schwingungen reisen durch die Luft bis in dein Ohr, und du hörst die Geräusche. Du kannst die Schallenergie sehen, wenn du Zucker auf eine Trommel streust und sie anschlägst. Durch die Schallenergie hüpft der Zucker auf und ab.

Wie reist der Schall durch Telefonleitungen?

Im Telefon wandelt ein Mikrofon die Schallenergie in elektrische Energie um. Die Elektrizität fließt durch die Drähte in ein anderes Telefon, wo ein kleiner Lautsprecher die Elektrizität in Schall zurückverwandelt.

Richtig oder Falsch?

Alle Telefone brauchen Kabel.

FALSCH. Handys verwandeln die Schallenergie in Funkwellen, die sich ohne Kabel ausbreiten.

Unter Wasser kann man keine Töne hören.

FALSCH. Schall pflanzt sich im Wasser und vielen Materialien fort.

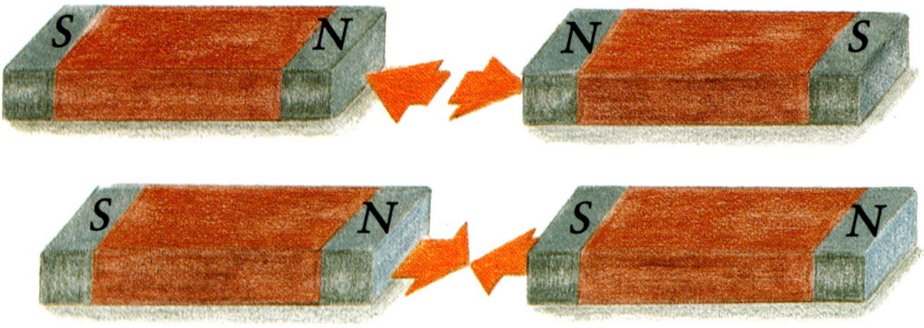

Wann ziehen sich Magnete an?

Die beiden Enden eines Magnets werden Nord- und Südpol genannt. Wenn du zwei Magnete hast, zieht der Nordpol des einen den Südpol des anderen an. Zwei Nordpole oder zwei Südpole stoßen sich gegenseitig ab.

Haben Magnete Klebstoff in sich?

Nein, Magnete wirken dank einer unsichtbaren Kraft, dem Magnetismus. Die meisten Magnete bestehen aus Eisen oder Stahl, und ihr Magnetismus zieht Gegenstände aus Eisen oder Stahl an.

Wie helfen Magnete den Forschern?

gnet rich-
sich nach
rden aus

Magnete zeigen die Himmelsrichtung an. Ein frei beweglicher Magnet pendelt sich immer auf den Nordpol der Erde ein, er zeigt nach Norden. Du kannst das mit einem an einem Faden hängenden Stabmagnet ausprobieren.

Richtig oder Falsch?

Die Erde ist ein Magnet.

RICHTIG. Ihr magnetischer Südpol liegt nahe dem Nordpol und der magnetische Nordpol beim Südpol.

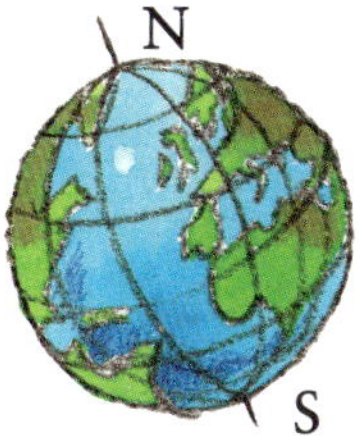

Finger bleiben an einem Magnet kleben.

FALSCH. Nur Gegenstände aus Eisen bleiben an einem Magnet kleben.

Warum sind Rutschbahnen glatt?

Wenn zwei Oberflächen aneinander reiben, entsteht eine bremsende Kraft, die Reibung. Raue Oberflächen verursachen eine stärkere Reibung als glatte. Rutschen haben deshalb eine möglichst glatte Oberfläche. Stell dir vor, wie schwierig das Rutschen auf einer rauen Betonbahn wäre.

Warum haben Fahrräder Bremsen?

Bremsen helfen, ein Fahrrad abzustoppen. Doch wie funktioniert das? Bremsen nutzen die Reibung. Wenn du den Bremshebel drückst, pressen sich die Bremsklötze aus Gummi gegen die Räder, und die Reibung macht das Rad langsamer.

Richtig oder Falsch?

Reibung hilft beim Gehen.

RICHTIG. Die Reibung zwischen Schuhen und Untergrund gibt dir Halt und Vortrieb.

Die ersten Fahrräder hatten keine Bremsen.

RICHTIG. Als um 1790 die ersten Fahrräder gebaut wurden, hatten sie weder Bremsen noch Pedale.

Warum falle ich hin?

Gelegentlich stolperst du und versuchst dich noch zu halten, doch dann zieht dich die unsichtbare Schwerkraft endgültig zu Boden. Die Schwerkraft zieht alle Dinge auf der Erde zu Boden. Sie verhindert, dass Gegenstände wie ein Ball einfach im All verschwinden.

Wie schnell fallen Fallschirmspringer?

Wenn Fallschirmspringer aus dem Flugzeug springen, rasen sie mit etwa 200 km/h zur Erde. Durch das Öffnen des Fallschirms werden sie auf etwa 20 km/h abgebremst – immer noch viel schneller, als du rennen kannst.

Was macht Dinge schwer?

Auch die Schwerkraft! Gewicht ist die Schwerkraft, die auf die Masse – das Material, aus dem ein Gegenstand besteht – einwirkt. Je mehr Masse ein Ding hat, umso stärker wird es von der Schwerkraft nach unten gezogen und umso schwerer ist es.

Richtig oder Falsch?

Der Mond hat keine Schwerkraft.

FALSCH. Alles im Universum hat Schwerkraft, auch der Mond. Doch sie beträgt nur ein Sechstel von der auf der Erde.

Elefanten sind die schwersten Tiere.

FALSCH. Blauwale können bis zu 130 t wiegen, das ist schwerer als 25 Elefanten.

Was machen meine Lungen?

und andere Fragen zu meinem Körper

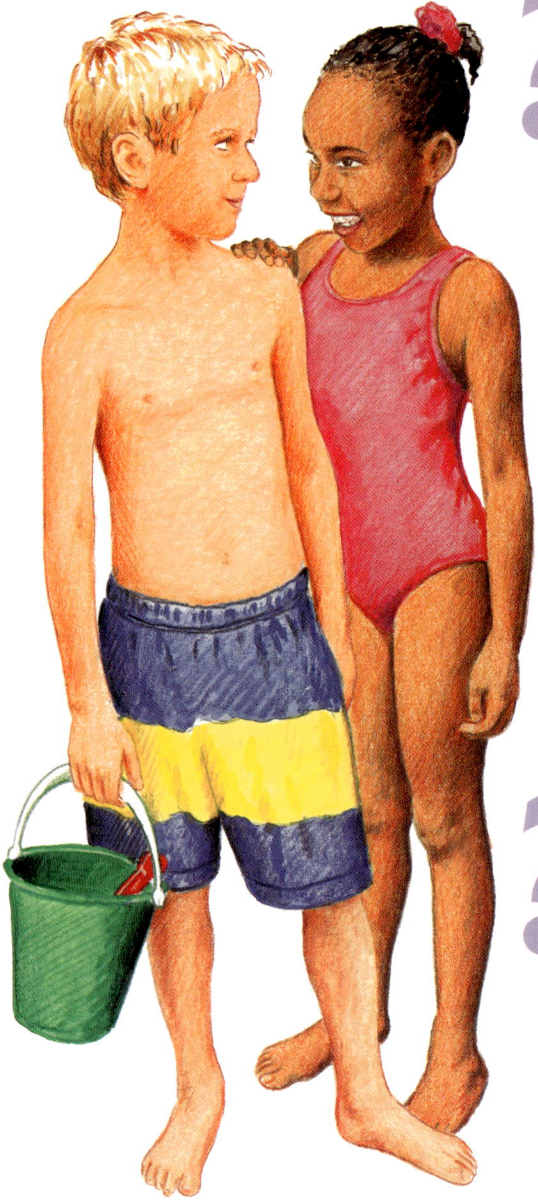

Bin ich einzig-artig?

Ja, denn es gibt auf der ganz
Welt nur eine Person wie dic
Wir alle haben unterschiedlic
gefärbte Haare, Haut und
Augen. Wir können groß un
klein sein, und wir gehen un
sprechen ganz unterschiedlic

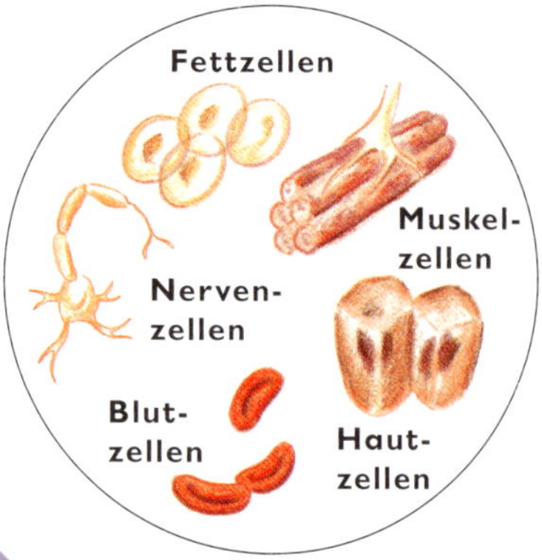

Aus was bin ich gemacht?

Dein Körper besteht aus Mi
lionen winziger Zellen. Du
unterschiedliche Arten von
Zellen, die alle spezialisiert
sind. Sie arbeiten zusammen
um dich am Leben zu erhalt

Was kann mein Körper alles?

Jede Menge erstaunliche Sachen! Die verschiedenen Körperteile, die inneren wie die äußeren, wie Herz, Knochen und Muskeln, arbeiten zusammen, und so kannst du lachen, schreien, laufen, hüpfen, rennen, denken, reden und schlafen.

Richtig oder Falsch?

Manche Menschen sehen gleich aus.

RICHTIG. Manche Zwillinge sind fast identisch. Man muss genau hinschauen, um sie zu unterscheiden.

Wir bestehen hauptsächlich aus Wasser.

RICHTIG. 65 % unseres Körpers sind Wasser. Der Rest besteht aus etwa 50 Millionen winzigen Zellen.

Wofür ist meine Haut da?

Deine Haut schützt das
nere deines Körpers. Sie
hält Wasser und gefähr-
liche Keime ab. Sie sorg
dafür, dass es d
nicht zu wa
oder zu k
wird. De
Haut
wächs
mit d
mit.

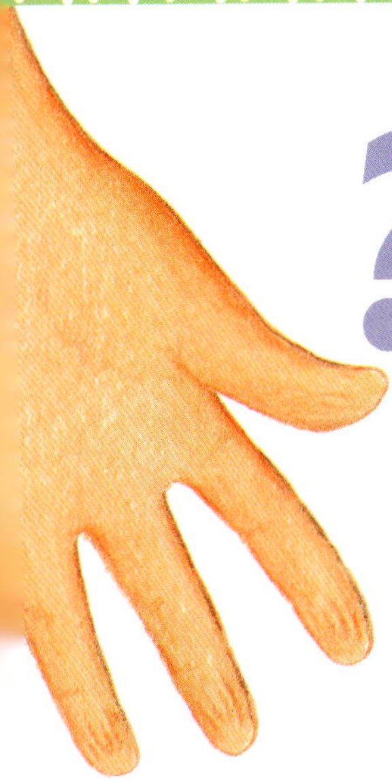

Warum werden meine Finger im Bad runzelig?

Deine Haut enthält Öl, das macht sie wasserdicht wie einen Regenmantel. An Fingern und Zehen fehlt dieses Öl, und so werden ihre Spitzen beim langen Baden runzelig.

Warum haben Menschen Sommersprossen?

Die Haut enthält Melanin genannte Farbstoffe, die sie vor starker Sonne schützen. Sommersprossen sind Melanineinlagerungen, die auf heller Haut nach Sonneneinwirkung sichtbar werden. Dunkle Haut enthält mehr Melanin als helle.

Richtig oder Falsch?

Haut kann verbrennen.

RICHTIG. Das Sonnenlicht enthält gefährliche Strahlen, die deine Haut verbrennen können. Deshalb sollte man an sich an sonnigen Tagen eincremen.

Haut kann sich selbst heilen.

RICHTIG. Wenn du dich schneidest, trocknet das Blut und bildet einen Schorf. Darunter wächst neue Haut nach, dann fällt der Schorf ab.

Warum muss man Haare schneiden?

Weil die Haare ständig wachsen. Haare wachsen ziemlich langsam, etwa einen Zentimeter in vier Wochen. Im Sommer wachsen sie schneller al im Winter. Haare bes hen wie Finger- und Fußnägel aus Kera

Wieso bekomme ich Gänsehaut?

Dein ganzer Körper bis auf deine Handflächen und Fußsohlen ist mit feinen Härchen bedeckt. Wenn es dir kalt ist, stellen kleine Muskeln in der Haut die Härchen auf, um warme Luft aufzufangen – du bekommst Gänsehaut.

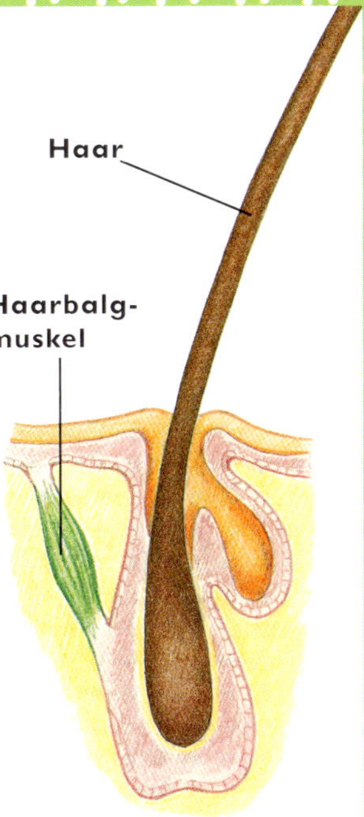

Warum sind Haare glatt oder lockig?

Die Haare wachsen aus kleinen Öffnungen unserer Haut. Ist die Öffnung rund, wächst das Haar glatt, ist sie abgeflacht, werden die Haare lockig.

Richtig oder Falsch?

Blonde haben die meisten Haare.

RICHTIG. Blondhaarige haben etwa 140 000 Haare auf dem Kopf. Braun-, Schwarz- oder Rothaarige haben 30 000 bis 50 000 Haare weniger.

Zehennägel wachsen schneller als Fingernägel.

FALSCH. Die Fingernägel wachsen etwas schneller – knapp einen Zentimeter in acht Wochen.

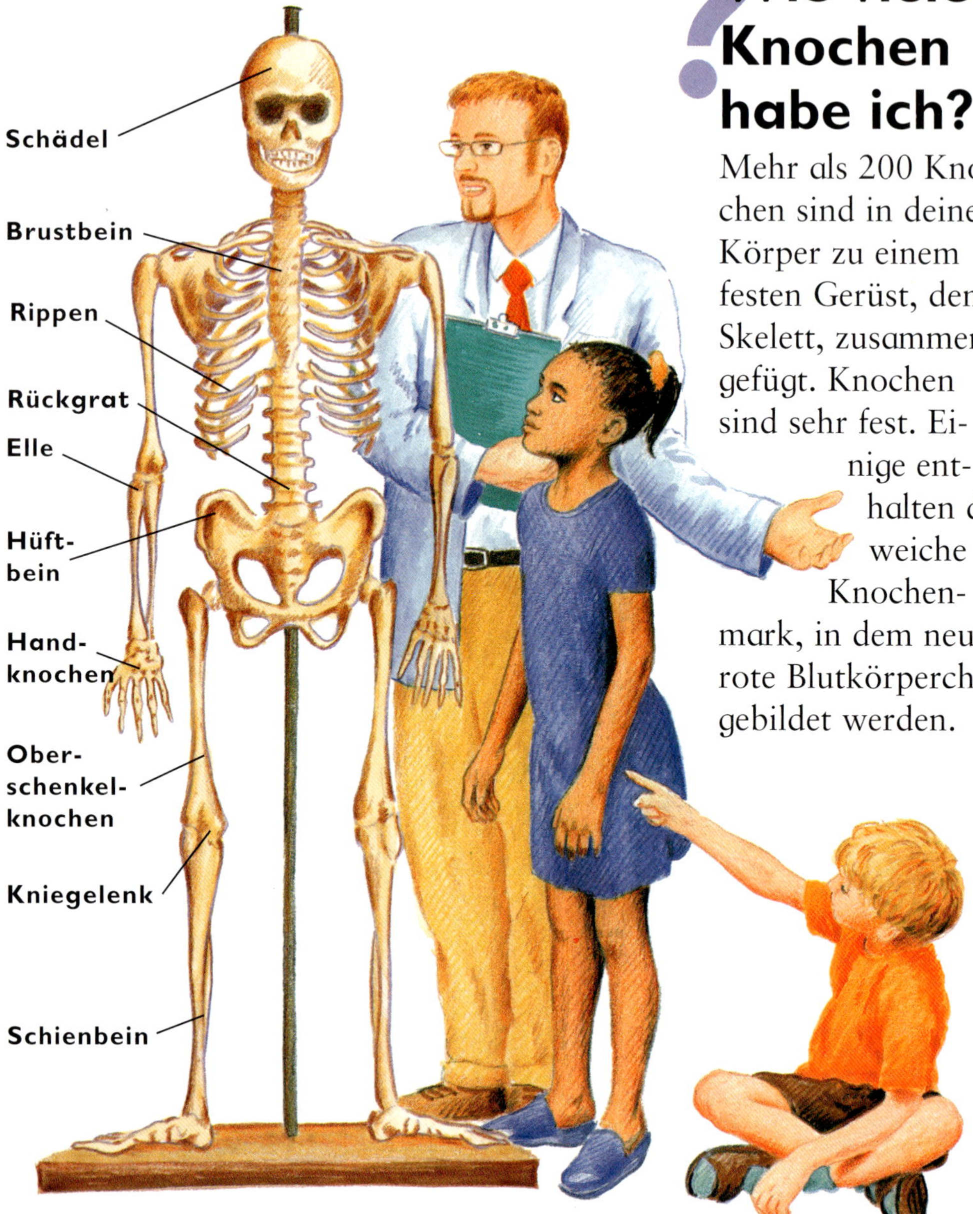

Wie viele Knochen habe ich?

Mehr als 200 Knochen sind in deinen Körper zu einem festen Gerüst, dem Skelett, zusammengefügt. Knochen sind sehr fest. Einige enthalten d[…] weiche Knochenmark, in dem neue rote Blutkörperche[…] gebildet werden.

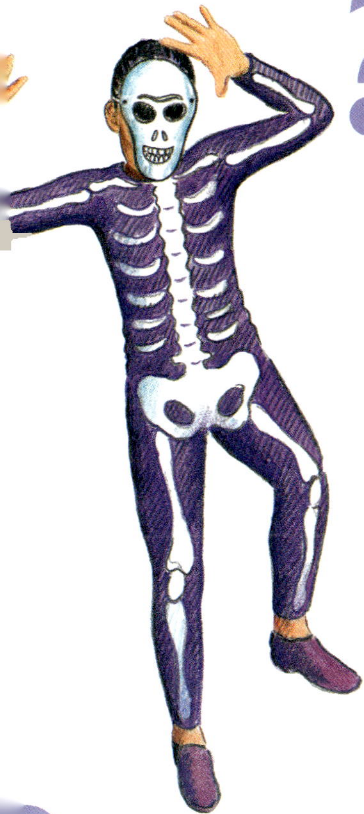

Wozu sind die Knochen da?

Knochen halten dich aufrecht. Ohne sie wärst du wie eine wabbelige Qualle. Die Knochen schützen auch die weichen Teile in deinem Körper: Der Schädel schützt das Gehirn, die Rippen schützen Herz und Lungen. Die Knochen ermöglichen dir die verschiedensten Bewegungen.

Wo ist mein Musikantenknochen?

Der sitzt am Ellbogen. Über ihn läuft ein dicker Nerv, und wenn du dich dort stößt, spürst du einen kribbelnden Schmerz.

Richtig oder Falsch?

Jeden Tag schrumpfst du etwas.

RICHTIG. Weil die Wirbelsäule gestaucht wird, schrumpft man tagsüber ein wenig. Während des Schlafs streckt sie sich wieder.

Knochen können brechen.

RICHTIG. Gebrochene Knochen werden geschient, damit sie zusammenheilen.

Was machen Muskeln?

Muskeln helfen bei der Fortbewegung. Muskeln in den Armen heben und ziehen. Muskeln in den Daumen helfen beim Greifen. Muskeln in deiner Brust helfen beim Atmen. Mehr als 600 Muskeln helfen dir, die verschiedenen Körperteile zu bewegen.

Wie arbeiten Muskeln?

Die Muskeln sind an deinen Knochen befestigt und arbeiten meist paarweise. Sie straffen sich, um einen Knochen anzuwinkeln, und entspannen sich, um ihn zurückzubewegen.

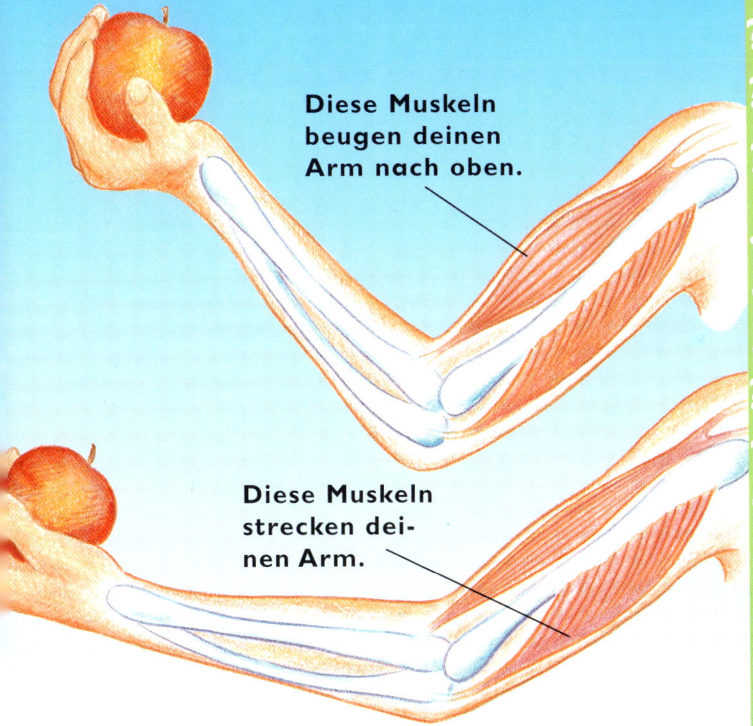

Richtig oder Falsch?

Muskeln wachsen durch Training.

RICHTIG. Spezielle Übungen wie Gewichtheben machen Muskeln größer und stärker.

Die Stirn runzeln ist einfacher als Lachen.

FALSCH. Um die Stirn zu runzeln, braucht man 42 Muskeln, zum Lachen genügen 17 Muskeln. Lachen wir lieber!

Wohin geht mein Essen?

Wenn du isst, geht die Nahrung über die Speiseröhre in den Magen. Dort verwandeln die Magensäfte das Essen in einen Brei. Dieser Brei wird durch den langen, gewundenen Darm gedrückt. Dabei werden die Nährstoffe vom Blut aufgenommen und in den ganzen Körper transportiert.

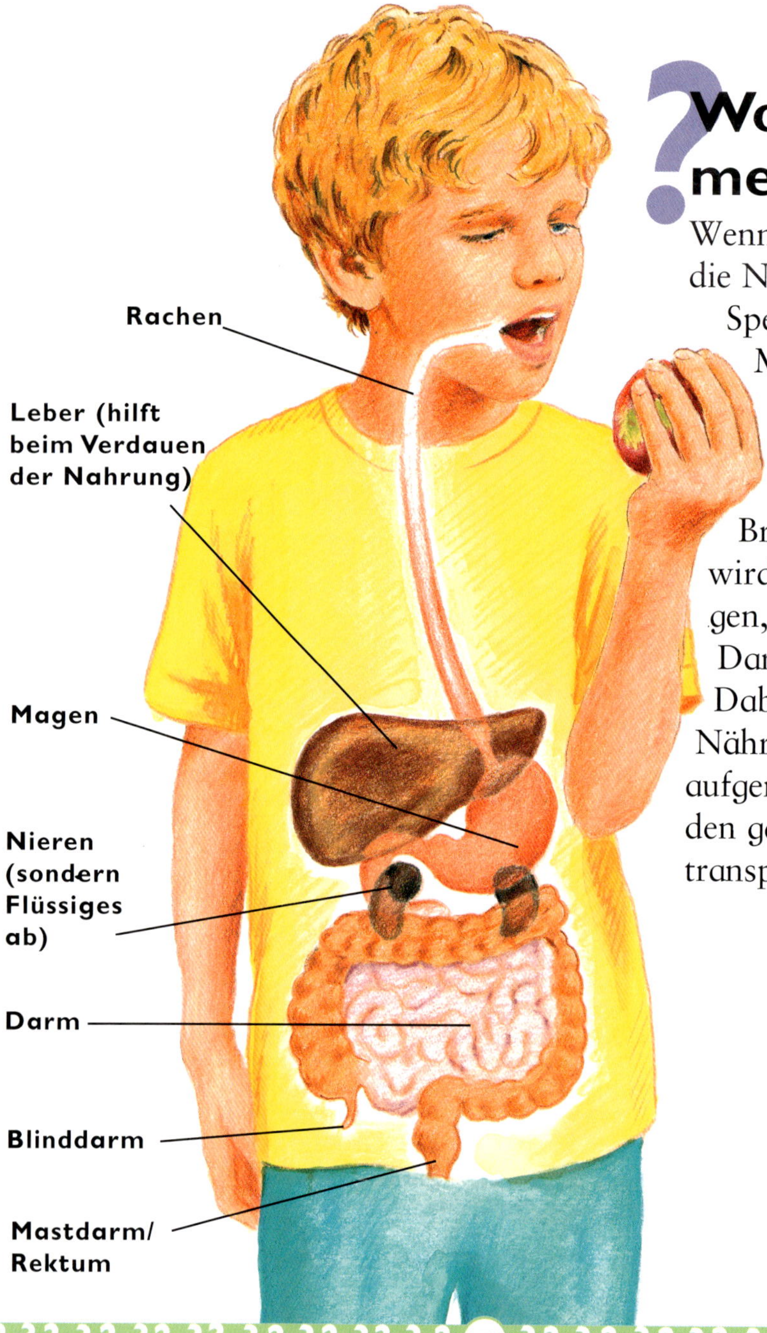

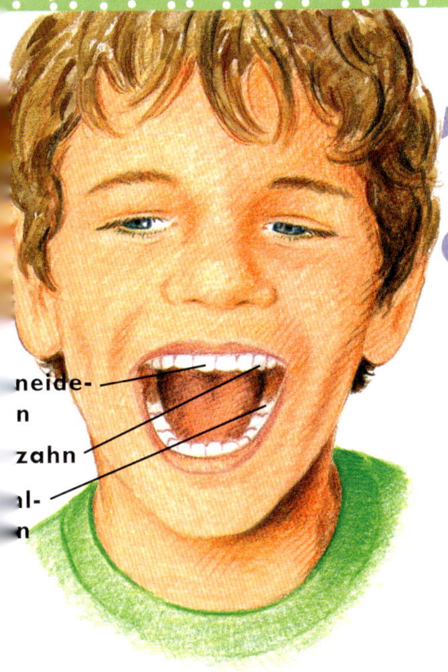

Wozu dienen die Zähne?

Zähne zerkleinern dein Essen, damit es leichter zu schlucken ist. Scharfe Schneidezähne zerbeißen, spitze Eckzähne zerreißen und Mahlzähne zermalmen es.

Warum gehe ich auf die Toilette?

)ein Körper kann nicht alles erwerten, was du isst. Die ınbrauchbaren Teile verlasen den Körper als Kot.)ie flüssigen Auscheidungsstoffe nennt man Harn der Urin.

Richtig oder Falsch?

Zähne fallen aus.

RICHTIG. Die ersten 20 Milchzähne fallen aus, wenn die bleibenden Zähne darunter heranwachsen.

Sprudelgetränke verursachen Rülpser.

RICHTIG. Sprudelgetränke enthalten Gasbläschen, die in deinen Magen gelangen. Von dort steigen sie auf, und du musst rülpsen.

Was macht Blut?

Blut transportiert Sauerstoff und Nährstoffe aus dem Essen zu den Zellen in deinem Körper, damit sie gut funktionieren. Das Blut durchströmt deinen Körper in Röhrchen, den Blutgefäßen.

Was macht mein Herz?

Dein Herz ist ein spezieller Muskel, der immer arbeitet, sogar wenn du schläfst. Das Herz pumpt das Blut durch den ganzen Körper.

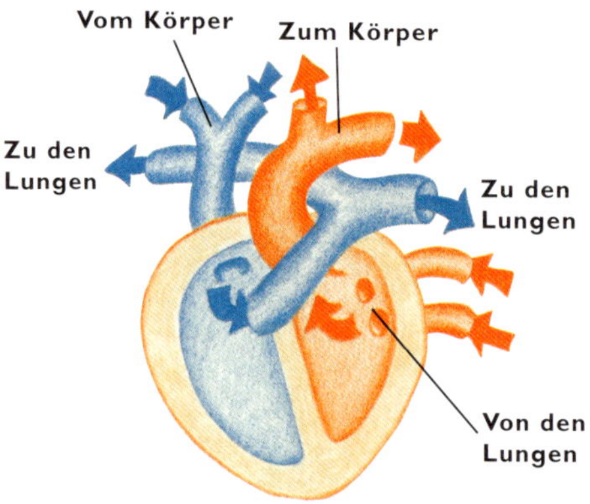

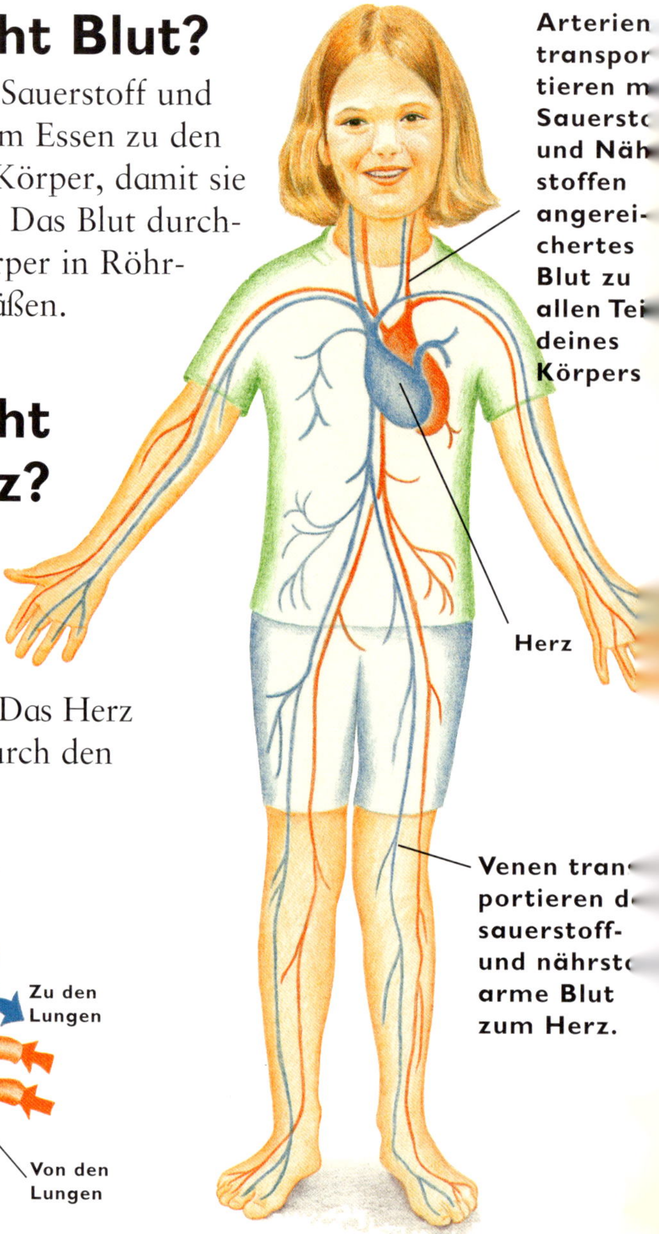

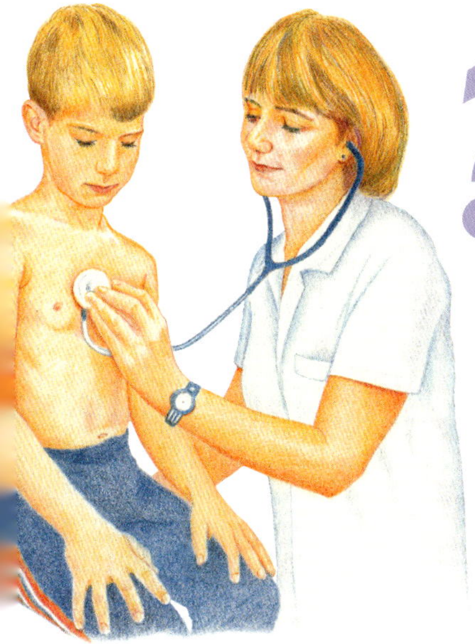

Wo sitzt mein Herz?

Dein Herz sitzt ein wenig links von der Brustmitte, genau zwischen deinen Lungen. Es ist etwa so groß wie deine Faust.

Kann ich meinen Herzschlag fühlen?

Manchmal, wenn du schnell gerannt bist, kannst du spüren, wie dein Herz in der Brust schlägt. Oder du legst deine Finger innen ans Handgelenk: Dort kann man das Pochen des Blutes als Puls fühlen.

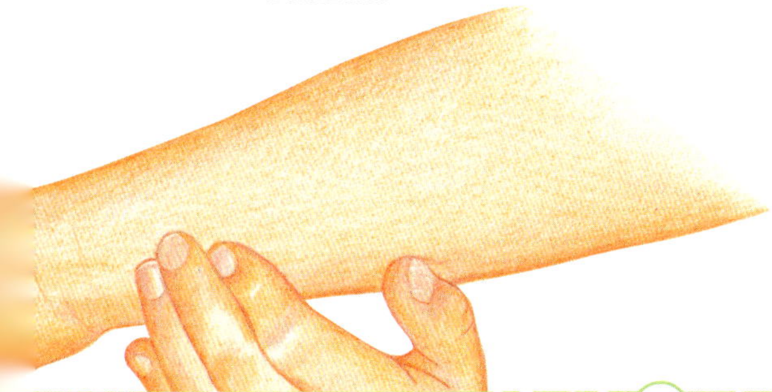

Richtig oder Falsch?

Blaue Flecke sind geplatzte Blutgefäße.

RICHTIG. Das Blut aus geplatzten Äderchen färbt die Haut blau, bis das Blutgefäß wieder geheilt ist.

Beim Rennen schlägt dein Herz schneller.

RICHTIG. So wird das Blut schneller durch deinen Körper gepumpt, und mehr Blut strömt in die Muskeln, um sie mit Energie zu versorgen.

Was passiert, wenn ich atme?

Beim Einatmen dehnt sich deine Brust, die Lungen werden größer und Luft strömt durch Nase und Luftröhre in deine Lungen. Beim Ausatmen werden Brust und Lungen kleiner, dein Zwerchfell wölbt sich nach oben und drückt die verbrauchte Luft heraus. All das passiert innerhalb weniger Sekunden.

Warum muss ich gähnen?

Du gähnst, wenn du nicht tief genug geatmet hast, weil du müde bist oder lange still gesessen hast und nicht genügend Sauerstoff in deine Lungen gelangt ist. Um mehr Sauerstoff zu bekommen, atmest du tief durch den Mund ein.

Was machen meine Lungen?

Deine Lungen nehmen den gasförmigen Sauerstoff aus der Luft auf und geben ihn an das Blut weiter. Das Blut transportiert den Sauerstoff zu allen Teilen deines Körpers. Wir brauchen Sauerstoff zum Leben. Die Lungen sind sehr groß, bei einem Erwachsen fassen sie etwa drei Liter Luft.

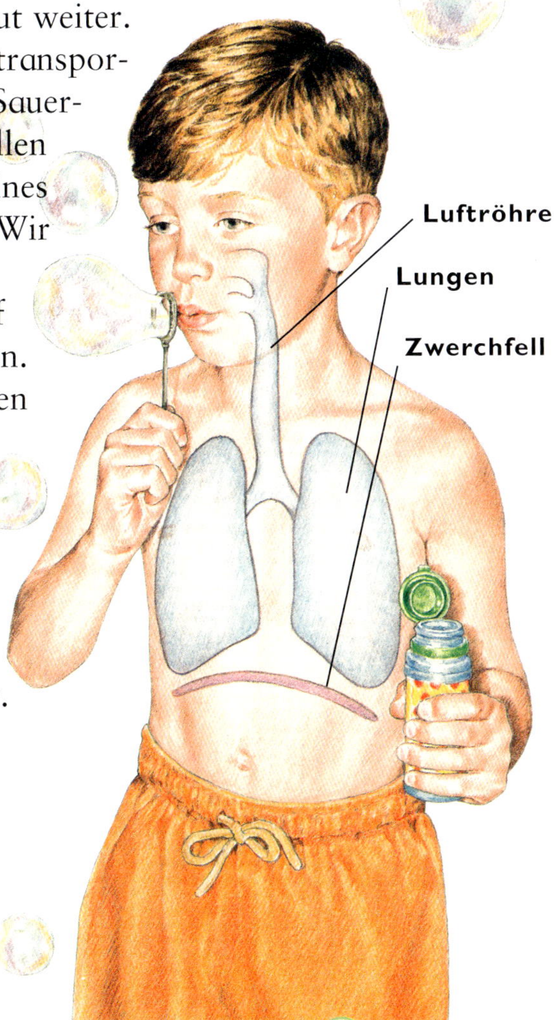

Richtig oder Falsch?

Niesen hilft beim Atmen.

RICHTIG. Beim Niesen werden Staub und Keime aus deiner Nase geschleudert, damit du wieder durchatmen kannst.

Wir können unter Wasser atmen.

FALSCH. Nur, wenn du wie ein Taucher eine Luftflasche dabeihast. Im Wasser gibt es keine Luft zum Atmen.

Was sind Nerven?

Nerven transportieren Botschaften zu und von deinem Gehirn: Ob du Hunger oder Schmerzen hast, ob dir kalt oder warm ist. Die Nerven verzweigen sich vom Rückenmark, einem dicken Nervenstrang in deiner Wirbelsäule, hin zu allen Körperteilen.

Warum kribbelt mein Bein?

Wenn du länger auf deinem Bein oder Arm liegst, werden die feinen Nerven gequetscht. Bewegst du dich dann wieder, kribbeln und pochen die Nerven, weil sie zu arbeiten beginnen.

Was macht mein Gehirn?

Dein Gehirn sendet über die Nerven Signale, die dem Körper sagen, was er tun soll. Es speichert all deine Gedanken und Erinnerungen und kontrolliert dein Handeln.

Richtig oder Falsch?

Menschen mit großem Gehirn sind klug.

FALSCH. Das Gehirn ist halb so groß wie der Kopf. Ein großes Gehirn macht nicht unbedingt klug.

Mein Gehirn sagt mir immer, was ich tun soll.

FALSCH. Bei Gefahr kann dein Körper auch ohne Anweisung des Gehirns reagieren. Man nennt das einen Reflex.

Wie helfen mir meine Augen beim Sehen?

Jedes deiner Augen ist ein Ball. Vorne hat es ein schwarzes Loch, die Pupille, durch die Licht einfällt. Hinter der Pupille sitzt eine Linse, die uns das Erkennen naher und entfernter Dinge ermöglicht. Der Sehnerv übermittelt die Botschaft über das Gesehene ans Gehirn.

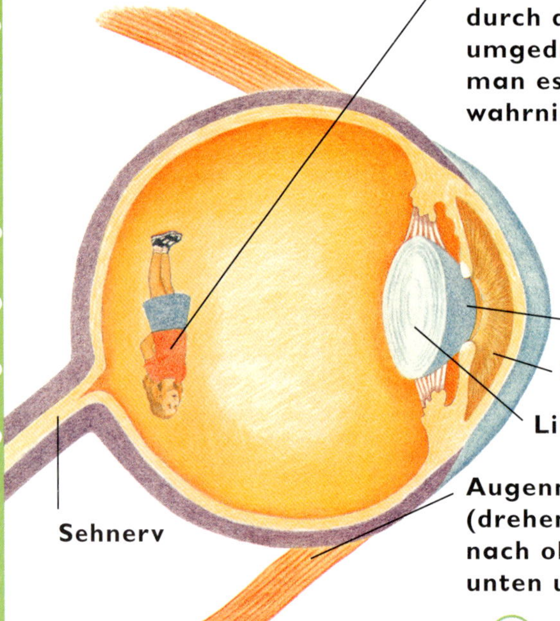

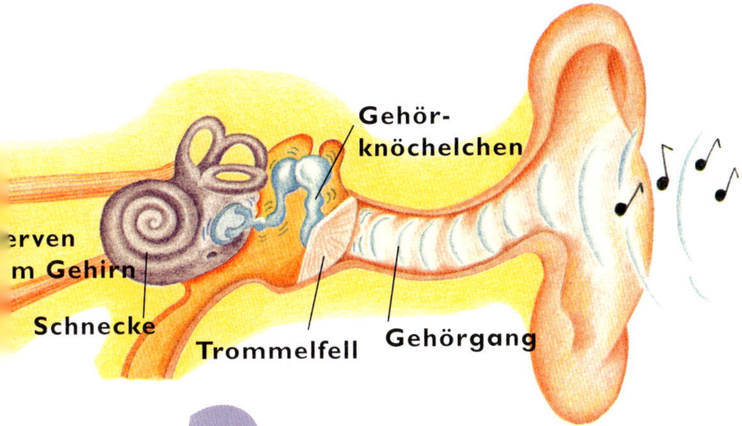

Wie helfen meine Ohren beim Hören?

Die außen liegende weiche Ohrmuschel sammelt die Geräusche aus der Luft. Die Töne gelangen als unsichtbare Wellen ins Ohr. Dort bewegen die Schallwellen das Trommelfell und die Gehörknöchelchen tief im Ohr. Nerven transportieren die Schallinformationen zu deinem Gehirn.

Richtig oder Falsch?

In einer Muschel hört man das Meeresrauschen.

FALSCH. Was man hört, ist tatsächlich das Echo des durch die Adern im Kopf strömenden Blutes.

Karotten helfen dir, besser zu sehen.

RICHTIG. Karotten enthalten bestimmte Vitamine, die das Sehen in der Dunkelheit verbessern.

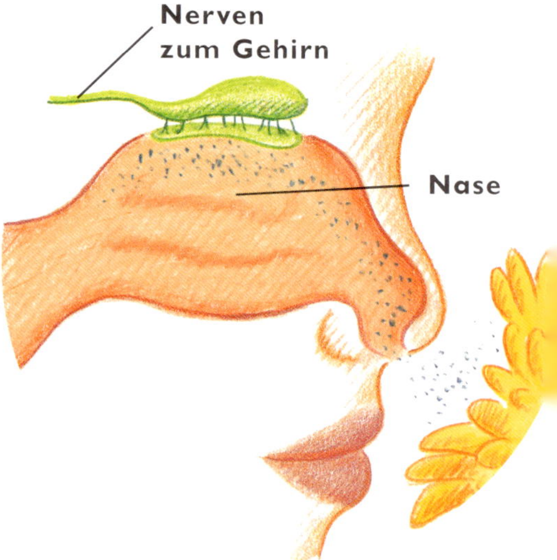

Wozu dient meine Nase?

Deine Nase ist dazu da, Dinge wie Blumen, leckeres Essen oder stinkenden Müll zu riechen. Beim Einatmen gelangen winzige Teile vom Essen oder vom Schmutz in deine Nase. Man kann diese winzigen Teilchen nicht sehen, aber Nerven in der Nase melden sie deinem Gehirn.

Warum schmeckt man mit einer Erkältung nichts?

Geruchs- und Geschmackssinn arbeiten zusammen: Wenn du einen saftigen Apfel isst, riecht deine Nase seine Süße, und kleine Geschmacksknospen auf deiner Zunge erspüren sein Aroma. Bei einer Erkältung ist oft die Nase verstopft, und man kann die Dinge nur schwer riechen.

schmacks-
der der Zunge

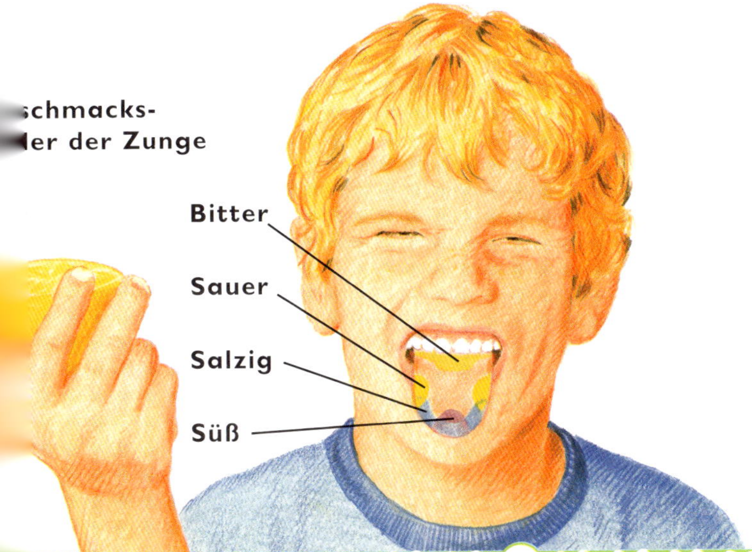

Richtig oder Falsch?

Eiscreme schmeckt besser, wenn man sie schleckt.

RICHTIG. Denn deine Zungenspitze schmeckt die Süße, die Zungenränder Salziges und Saures und ganz hinten schmeckt man bittere Dinge.

Menschen haben fünf Sinne.

RICHTIG. Unsere Sinne sind Tasten, Schmecken, Riechen, Sehen und Hören.

Was sind Windpocken?

Windpocken sind eine Krankheit wie Masern oder Mumps. Windpocken bekommt man schnell, doch meist nur einmal im Leben. Manchmal lassen wir uns impfen, um uns vor schweren und gefährlichen Krankheiten zu schützen.

Warum werde ich manchmal krank?

Du wirst krank, wenn winzige gefährliche Krankheitserreger in deinen Körper gelangen. Die weißen Blutkörperchen fressen sie auf und machen dich gesund.

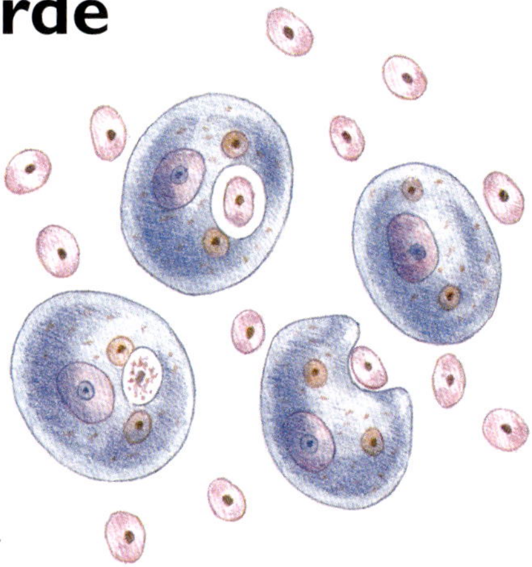

Weiße Blutkörperchen fressen Krankheitserreger.

Wie bleibe ich gesund?

Um gesund zu bleiben, musst du gesunde Nahrung essen, viel Wasser trinken, dich viel bewegen und genug schlafen.

Richtig oder Falsch?

Fernsehen ist nicht so gesund.

RICHTIG. Fernsehen ist o.k., doch nicht viele Stunden am Tag. Wir brauchen auch viel Bewegung wie Rennen, Schwimmen oder Fußball spielen.

Waschen entfernt Bakterien.

RICHTIG. Wenn du dir die Augen oder Ohren mit schmutzigen Händen reibst, können Bakterien in deinen Körper gelangen, deshalb soll man vor dem Essen die Hände waschen.

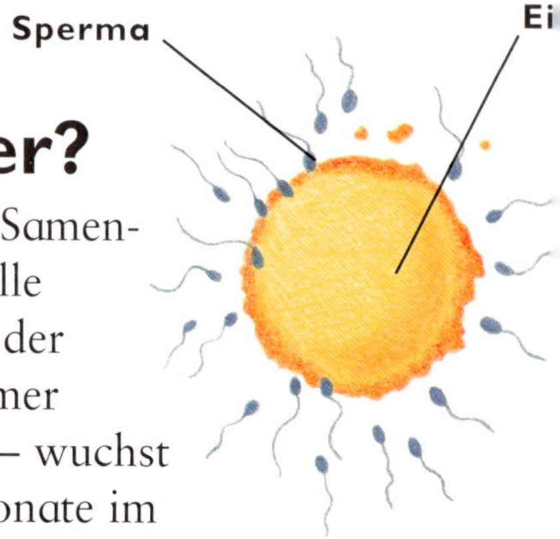

Wo komme ich her?

Du bist entstanden, als sich eine Samenzelle deines Vaters mit einer Eizelle deiner Mutter vereinigt hat. Aus der befruchteten Eizelle wuchsen immer mehr Zellen und ein Baby – DU – wuchst heran. Ein Baby wächst neun Monate im Bauch der Mutter.

Zwei Monate

Das Herz des Babys schlägt.

Sechs Monate

Das Baby wiegt etwa ein Pfund. Es kann am Daumen nuckeln.

Sieben Monate

Das Baby kann schlucken und die Stimme seiner Mutter hören und erkennen.

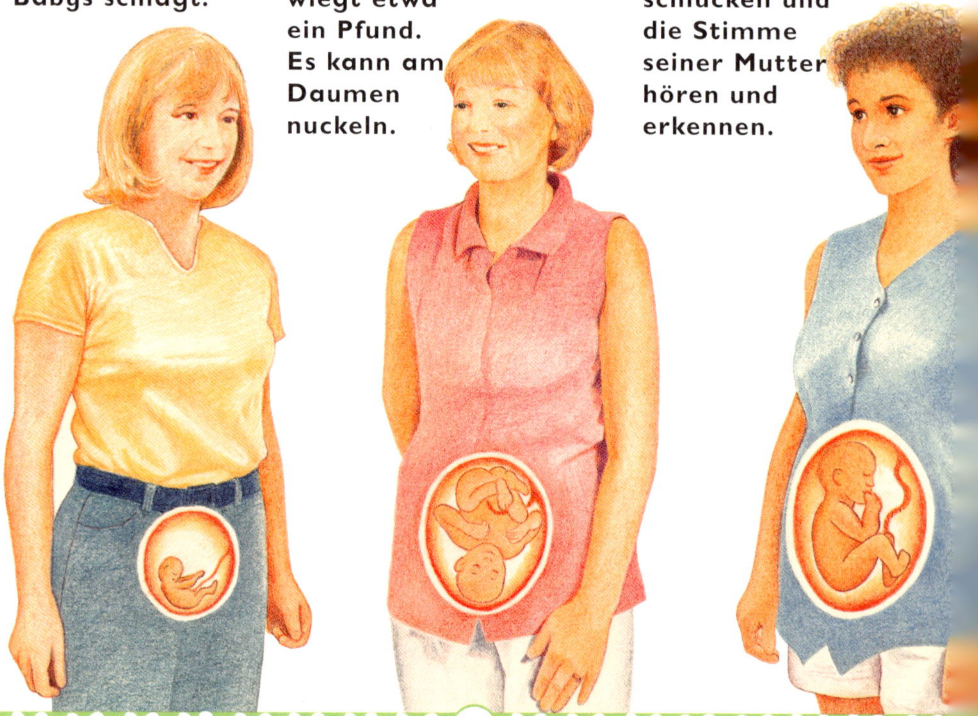

Was ist mein Bauchnabel?

Dein Bauchnabel ist die Stelle, an der du im Bauch mit deiner Mutter über die Nabelschnur verbunden warst. Durch diese Schnur hast du Nahrung und Sauerstoff bekommen, die du zum Wachsen gebraucht hast.

Neun Monate

Im neunten Monat, kurz vor der Geburt, ist das Baby rund und kräftig. Es ist jetzt etwa 50 cm lang und wiegt sechs bis sieben Pfund.

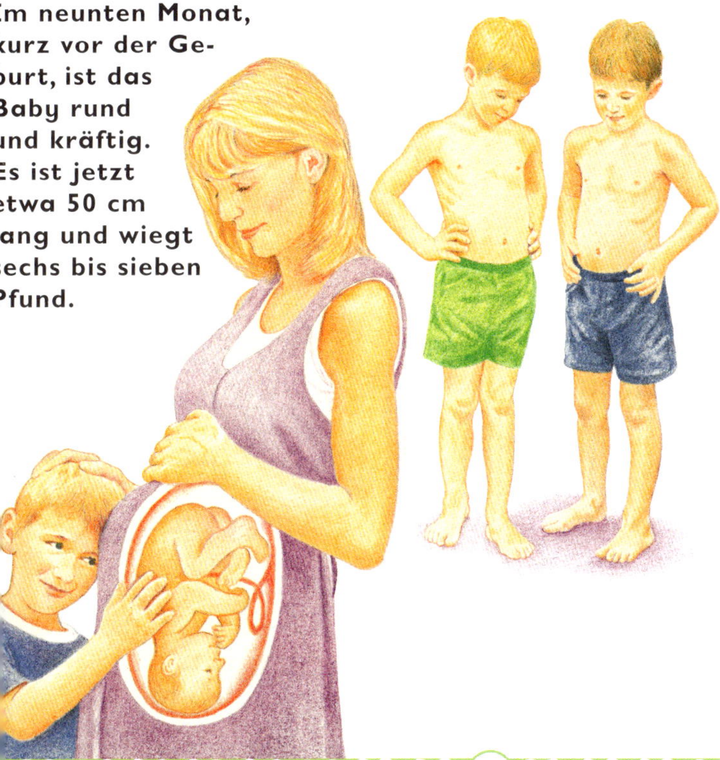

Richtig oder Falsch?

Du wächst noch immer.

RICHTIG. Bis zum 18. Lebensjahr wird man größer und kräftiger, und die Körpergestalt verändert sich.

Manche Mütter bekommen mehrere Babys auf einmal.

RICHTIG. Zwei gemeinsam geborene Babys werden Zwillinge, vier Vierlinge und sechs Sechslinge genannt.

Warum schlafe ich?

Um gesund zu bleiben, muss man schlafen. Während des Schlafs erholt und regeneriert sich dein Körper. Er macht sich fit für einen neuen geschäftigen Tag, und dein Gehirn ordnet deine Gedanken.

Warum träume ich?

Träume sind Abschnitte in der Nacht, wo du nur leicht schläfst. Jeder hat pro Nacht etwa fünf Träume, doch nicht an alle erinnern wir uns. Schreckliche Träume nennt man Albträume, manchmal wacht man davon sogar auf.

Was ist Schlafwandeln?

Wenn jemand im Tiefschlaf aus dem Bett aufsteht und herumläuft, nennt man das Schlafwandeln. Schlafwandeln ist ziemlich selten, und man weiß nicht, warum es manche Menschen tun.

Richtig oder Falsch?

Erwachsene brauchen mehr Schlaf als Kinder.

FALSCH. Kinder brauchen mehr Schlaf als Erwachsene, denn sie wachsen noch, und ihr Gehirn muss viele neue Eindrücke verarbeiten.

Dein Gehirn arbeitet beim Schlafen weiter.

RICHTIG. Auch Herz und Lungen arbeiten weiter, doch viel langsamer, als wenn du wach bist.

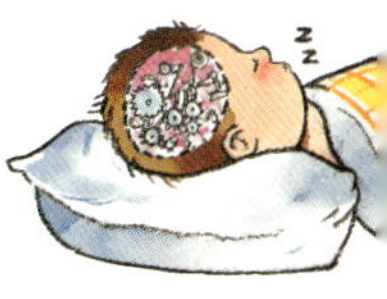

Welche Tiere haben Schuppen?

und andere Fragen zu verschiedenen Tierarten

Was haben Elefanten und Mücken gemein?

Obwohl sie ganz unterschiedlich in Größe und Gestalt sind, haben ein Elefant und eine Mücke doch etwas gemeinsam: Beide sind Tiere! Tiere sind Lebewesen, die sich auf der Suche nach Futter, Unterschlupf oder Partnern umherbewegen.

Welche Pflanze ist eigentlich ein Tier?

Trotz ihres Namens sind Seegurken keine Pflanzen. Ihre Form und die knubbelige Haut erinnern an eine Gurke. Doch anders als die pflanzlichen Gurken können sie sich fortbewegen.

Seegurke

Was sind die einfachsten Lebensformen?

Protozoen oder Urtierchen sind winzig, sie haben keine Muskeln wie die Tiere, sind aber auch keine Pflanzen oder Pilze.

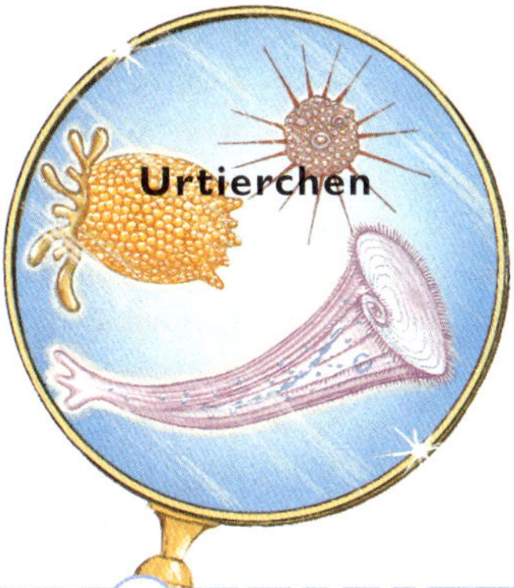

Richtig oder Falsch?

Tiere sind die einzigen Lebensformen auf der Erde.

FALSCH. Auch Pflanzen und Pilze leben. Wir wissen das, denn sie wachsen und vermehren sich.

Alle Tiere brauchen Sonnenlicht.

FALSCH. Am Grund der tiefsten Ozeane, wo es kalt und dunkel ist, leben Schlauchwürmer und andere seltsame Kreaturen.

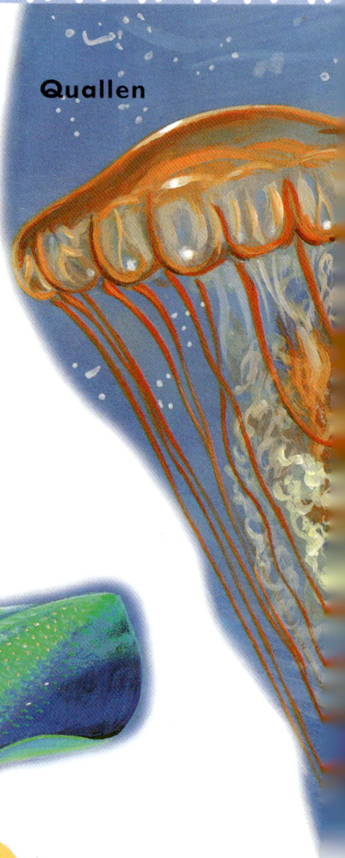

Welche Tiere haben kein Rückgrat?

Fast 90 Prozent aller Tiere auf der Erde haben kein Rückgrat. Man nennt sie wirbellose Tiere. Schnecken wie auch große, wabbelige Quallen zählen dazu. Alle Wirbellose sind Kaltblüter, ihr Körper hat dieselbe Temperatur wie Luft oder Wasser, die sie umgeben.

Was ist das größte wirbellose Tier?

Der größte Wirbellose ist der Riesenkalmar mit fast 10 Meter Körperlänge und noch längeren Tentakeln. Er lebt im Meer, wo das Wasser sein Gewicht trägt.

Haben Würmer ein Skelett?

Auch Würmer sind Wirbellose – sie haben weder Skelett noch andere Knochen. Aber sie besitzen mit Wasser gefüllte Röhren, die längs an ihrem Körper verlaufen und wie ein Skelett wirken.

Richtig oder Falsch?

Schnecken und Austern sind enge Verwandte.

RICHTIG. Austern und Schnecken haben weiche Körper und eine Schale. Sie gehören beide zum Tierstamm der Mollusken.

Seesterne haben fünf Arme.

FALSCH. Die meisten schon, doch einige haben bis zu 50 Arme. Sie werden „Strahlen“ genannt, weil sie wie die Strahlen eines Sterns abstehen.

Welche Art Tier ist ein Hummer?

Der Hummer ist wirbellos und zählt zu den Krebstieren. Krebs- oder Krustentiere haben einen Panzer und mehrere Beinpaare. Der Hummer hat fünf Beinpaare, die vorderen tragen kräftige Scheren zum Greifen der Beute.

Welche Meeresbewohner tragen einen Panzer?

Die harte Schale der Krebstiere ist wie eine Rüstung, die verhindert, dass hungrige Fische und andere Jäger in den Körper des Tiers beißen können. Taschenkrebse leben meist am Meeresgrund und fressen herabsinkende Aasreste.

Hummer

Wie wachsen Taschenkrebse?

Unsere Haut dehnt sich, wenn wir wachsen – ein harter Panzer kann das nicht. Wird der Krebs zu groß für seine Hülle, streift er sie ab. Der neue, zunächst noch weiche Panzer darunter härtet schnell. Ein Taschenkrebs häutet sich etwa 20-mal in seinem Leben.

Krabbe beim Abstreifen des Panzers

Richtig oder Falsch?

Krebstiere können nur im Wasser leben.

FALSCH. Die meisten Krebstiere leben in oder nahe beim Wasser. Land- und Waldkrabben leben an Land, bevorzugen aber feuchte Standorte.

Einige Krebse klauen Panzer.

RICHTIG. Einsiedlerkrebse haben keinen eigenen Panzer. Sie suchen sich leere Schneckenhäuser, um ihren weichen Körper darin zu verstecken!

Hirschkäfer

Welche Tiere tragen ihr Skelett außen?

Die feste Hülle, die den Körp eines Käfers schützt, heißt Außenskelett. Auch der Kreb panzer ist eine Art Außenske lett. Die meisten Wirbelloser schützen sich mit solchen festen Hüllen.

Sind Spinnen Insekten?

Spinnen sind keine Insekten, denn sie haben zu viele Beine und zu wenige Körperabschnitte. Ein Insekt besitzt sechs Beine und drei Abschnitte (Kopf, Brust, Abdomen). Eine Spinne hat acht Beine, und ihr Kopf ist fest mit dem Brustabschnitt verbunden.

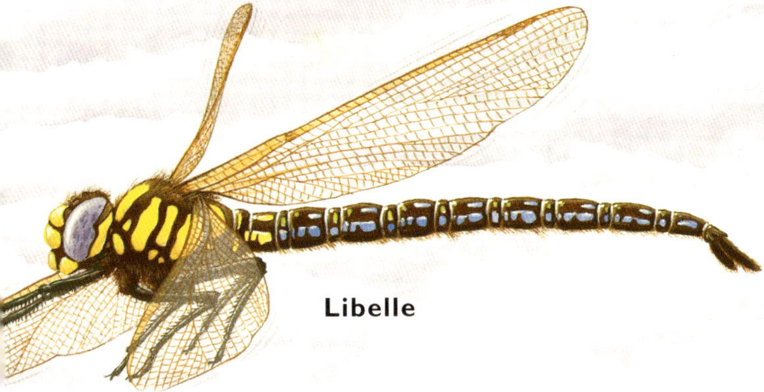

Libelle

Tarantel

Können Insekten fliegen?

Die mit Flügeln schon. Schmetterlinge, Bienen und Mücken sind Fluginsekten mit zwei Flügelpaaren; Stubenfliegen haben nur eines. Termiten werfen ihre Hautflügel ab, wenn sie sie nicht mehr brauchen.

Richtig oder Falsch?

Tausendfüßer haben 1000 Füße.

FALSCH. Auch Tausendfüßer müssen sich mit „nur“ einigen Hundert Füßen begnügen. Aber das reicht ihnen auch für die Beutejagd.

Skorpione sind enge Verwandte der Spinnen.

RICHTIG. Wenn du die Laufbeine eines Skorpions zählst, wird die Verwandtschaft deutlich. Spinnen und Skorpione haben acht Beine.

Wie atmen Fische?

Fische haben seitlich am Kopf schlitzförmige Kiemen, mit denen sie Sauerstoff aus dem Wasser aufnehmen, so wie wir Sauerstoff aus der Luft. Alle Fische atmen mit Kiemen.

Wie springen die Lachse?

Lachse springen, wenn sie auf ihrem Weg flussaufwärts zur Paarung auf eine Stromschnelle treffen. Ihr kräftiger, muskulöser Schwanz hilft ihnen beim Sprung über Hindernisse.

Hammerhai

Zwerg-
grundel

Welcher Fisch passt auf deine Fingerspitze?

Die Zwerggrundel ist mit etwas mehr als einem Zentimeter der kleinste Fisch der Welt. Der Walhai ist mit über 12 Metern von der Nase bis zum Schwanz der größte, aber er ist für Menschen ungefährlich.

Richtig oder Falsch?

Wale sind eine Fischart.

FALSCH. Wale und Delfine sind warmblütige Säugetiere, die zum Luftholen auftauchen. Fische sind Kaltblüter und atmen unter Wasser.

Der Riemenfisch ist so lang wie ein Ruderriemen.

FALSCH. Es müsste ein riesiges Boot sein, denn der Fisch wird bis zu 12 m lang.

Warum sind Frösche schleimig?

Mit seiner dünnen, schleimigen Haut kann der Frosch Sauerstoff aus der Luft und aus dem Wasser aufnehmen. Frösche sind Amphibien, Tiere, die ihr Leben im Wasser beginnen und sich langsam auch an das Leben an Land anpassen.

Wie unterscheidet man Frösche von Kröten?

Frösche haben ei glatte Haut, die d Kröten ist warzig Frösche und Krö verlieren als einzi Amphibien ihre Schwänze und en wickeln kräftige terbeine zum Spr

Welches ist die sonderbarste Amphibie?

Der Axolotl wird nie richtig erwachsen. Er bekommt Nachwuchs, wenn er noch im Kaulquappenstadium ist. Nur wenn sein Weiher austrocknet, wird sein Körper erwachsen, und er muss an Land leben.

Richtig oder Falsch?

Wenn du einen Frosch küsst, verwandelt er sich in einen Prinzen.

FALSCH. Keine gute Idee, einen Frosch oder eine Kröte zu küssen! Manche sondern Gift ab.

Der Goliathfrosch ist die größte Amphibie.

FALSCH. Der Goliathfrosch wird etwa 30 cm lang, der Riesensalamander aus China erreicht fast die vierfache Länge.

Schildkröte

Welche Tiere haben Schuppen?

Schlangen, Eidechsen, Krokodile und Schildkröten haben eine trockene Schuppenhaut Die Kaltblüter gehören zur Tierklasse der Rept lien. Es gibt mehr als 6000 Reptilienarten.

Wie lange leben Schildkröten?

Schildkröten sind die langlebigsten Tiere auf der Erde. Manche werden wahrscheinlich mehr als 200 Jahre alt, vielleicht weil sie durch ihren festen Knochenpanzer vor Feinden geschützt sind.

Grüne Python

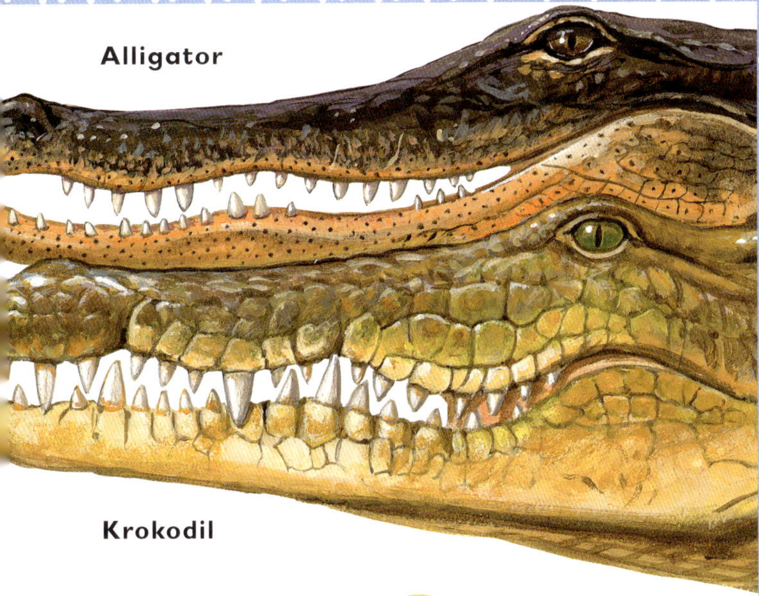

Wie kann man Krokodile und Alligatoren unterscheiden?

Am besten an ihrem Grinsen: Wenn ein Krokodil sein Maul geschlossen hat, ist immer noch ein hervorstehender Eckzahn zu sehen.

Richtig oder Falsch?

Fadenschlangen sind die kürzesten Schlangen.

RICHTIG. Mit etwa 10 cm sind sie die kleinsten Schlangen der Welt. Am längsten sind Pythons mit bis zu 10 Metern.

Schlangen können nicht blinzeln.

RICHTIG. Sie haben keine Augenlider, können also auch nicht blinzeln. Ihre Augen werden von durchsichtigen Schuppen geschützt.

Warum haben Vögel Federn?

Weiche Daunenfedern halten den Körper der Vögel warm, die mit Wachs imprägnierten Deckfedern schützen vor Regen. Vögel brauchen ihre Federn zum Fliegen. Sie schlagen mit ihren federbesetzten Flügeln und fliegen davon.

Papageien

Pinguine

Können alle Vögel schwimmen?

Nur einige, z. B. Pinguine. Sie haben Schwimmfüße, Stummelflügel, wasserdichte Federn und eine wärmende Fettschicht.

Warum haben Adler Hakenschnäbel?

Weißkopf-Seeadler

Der Hakenschnabel des Adlers ist ideal für das Zerreißen der Beute. Reiher haben lange Schnäbel zum Aufspießen der Fische und Aras besonders kräftige zum Knacken von Nüssen.

Richtig oder Falsch?

Alle Vögel fliegen.

FALSCH. Nicht alle fliegen. Pinguine schwimmen, Strauße, Emus, Nandus und Kiwis rennen ihren Feinden davon.

Vögel können rückwärts fliegen.

FALSCH. Nur Kolibris fliegen auch rückwärts. So können sie die mit Nektar gefüllten Blüten besser umschwirren.

Welche Tiere haben einen Pelz?

Säugetiere haben eine Körperbehaarung. Weitere Gemeinsamkeiten der Säuger sind: Alle haben eine Wirbelsäule, atmen Luft, sind warmblütig und säugen ihre Babys mit Milch. Zu den Säugetieren gehören Bären und Affen, Fledermäuse und Mäuse.

Bärin mit Jungtieren

Stachelschwein

Fühlen sich alle Säugetiere weich an?

Nicht das piekende Stachelschwein! Obwohl es eng mit Ratten und Mäusen verwandt ist und ein Fell besitzt, hat es zum Schutz vor Feinden auch unzählige spitze Stacheln.

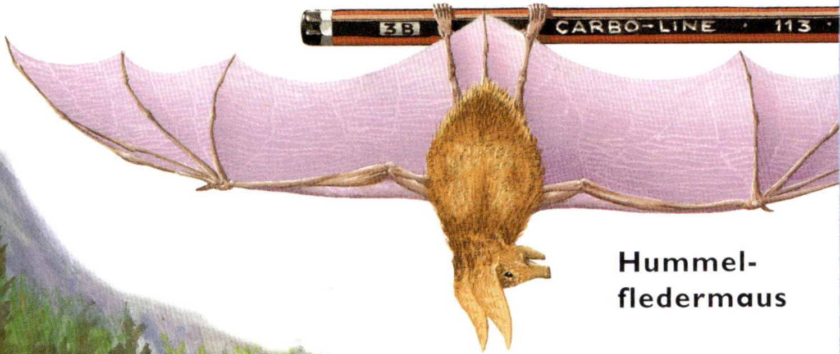

Hummel-
fledermaus

Was ist das kleinste Säugetier?

Die Hummelfledermaus, der kleinste Säuger, lebt in Höhlen in Thailand. Ihr Körper misst knapp 3 Zentimeter, dafür beträgt die Flügelspannweite fast 13 Zentimeter.

Richtig oder Falsch?

Alle Säuger leben an Land.

FALSCH. Seekühe, Robben und Wale leben im Wasser. Sie haben statt Armen und Beinen Brust- und Schwanzflossen.

Menschen sind Säuger.

RICHTIG. Unser Haar ist eine Art Pelz und die Babys werden mit Milch gesäugt. Menschen sind wie Schimpansen und Gorillas Primaten.

Koala mit Jungem

Zu welcher Tierart zählt der Koala?

Wie die Kängurus gehören Koalas zu der Gruppe der Beuteltiere. Die winzigen Koalababys leben im Beutel der Mutter und werden dort in den ersten sieben Lebensmonaten von ihr mit Milch gesäugt.

Schnabeltier

Welche Säuger legen Eier?

Anders als die meisten Säuger legt das Schnabeltier Eier. Die nach etwa zehn Tagen schlüpfenden Jungen werden von ihrer Mutter gesäugt, bis sie selbst Fische jagen können.

Atmen alle Säuger durch den Mund?

Nein, Wale atmen durch ein Atemloch oben auf ihrem Kopf. Beim Auftauchen bläst warmer Atem heraus. In der Kälte ist der über zehn Meter hohe Dunststrahl gut zu erkennen.

Richtig oder Falsch?

Beuteltiere leben nur in Australien.

FALSCH. Koalas, Wombats, Possums und Kängurus leben in Australien, Opossums in Nord- und Südamerika.

Nur zwei Säugetierarten legen Eier.

RICHTIG. Das Schnabeltier und der Schnabeligel legen Eier. Die Schnabeligelmutter brütet ihre Eier in ihrem Beutel aus und säugt dort die Jungen.

Gecko

Welche Ei-
dechse ähne
einem Baun
stamm?

Die gesprenkelte Haut des Blattschwanz-Gecl passt sich perfekt der Stammoberfläche an. Solange er sich nicht l wegt, können ihn sein Feinde dank dieser Tc nung nicht bemerken.

Warum sind Zebras gestreift?

Die schwarzen und weißen Streifen verwirren Löwen und andere Raubtiere, denn in der Hitze scheinen die Streifen zu zittern. Jedes Zebra hat ein eigenes Muster, so können Fohlen ihre Mütter besser in der Herde finden.

Zebras

Wer trägt zwei Pelzmäntel?

Manche Säuger wechseln ihren Pelz passend zu den Jahreszeiten, z. B. Hasen, Füchse und Wölfe aus dem schneereichen Norden. Ihr braunes Fell tauschen sie zur besseren Tarnung im Schnee gegen ein weißes, dichtes und wärmendes Winterfell.

Polarfuchs

Polarhasen

Richtig oder Falsch?

Zebrafohlen sind schwarz und weiß.

FALSCH. Die Streifen der Fohlen sind zunächst braun. Erst später werden sie immer dunkler.

Schmetterlinge haben Augen in den Flügeln.

RICHTIG. Aber nicht zum Sehen. Die großen augenähnlichen Flecken sollen Räuber abschrecken.

Welcher Vogel legt die dicksten Eier?

Der größte Vogel legt auch die größten Eier. Ein Strauß überragt einen Erwachsenen, und auch seine Eier sind riesig. Ein Straußenei wiegt mehr als 22 Hühnereier.

Legen Schildkröten im Meer Eier?

Meeresschildkröten verbringen ihr ganz Leben im offenen Meer, doch zur Eiablage kommen die Weibchen an die K te. Die aus den ledr gen Eiern geschlüpf Schildkrötenbabys krabbeln schnurstracks zum Wasse

Laub-
frosch

Legen Laubfrösche ihre Eier auf Bäumen?

Wie alle Frösche müssen auch die winzigen Laubfrösche ihre Eier im Wasser ablegen. Sie nutzen Regenwasser, das sich in Blättern sammelt. Da es im Regenwald täglich regnet, besteht kaum die Gefahr des Austrocknens.

Richtig oder Falsch?

Manche Fische behalten ihre Eier im Maul.

RICHTIG. Sich selbst überlassene Eier werden oft von anderen Tieren gefressen. Barsche bewahren ihre Eier sicher in ihrem Maul auf.

Das kleinste Vogelei misst nur etwa einen Zentimeter.

RICHTIG. Das Ei des Zwergkolibris ist wirklich winzig, gerade so groß wie eine Erbse.

Welcher Vater bekommt Kinder?

Nach der Paarung
trägt das männliche
Seepferdchen die Ei
in einer Hautfalte.
Wenn die Zeit geko
men ist, schlüpfen
hunderte winziger
pferdchen. Ihren N
men bekamen sie,
ihr Kopf an den ei
Pferdes erinnert, d
sie gehören zu den
schen. Sie haben F
sen, einen Schwan
und atmen mit Kie
men.

Welches Baby hüpft herum?

Ein Babykänguru wird im Beutel der herumhüpfenden Mutter kräftig geschaukelt. Bei der Geburt misst das Junge weniger als zwei Zentimeter. Im Fell der Mutter krabbelt es nach oben in den Beutel und beginnt, ihre Milch zu trinken. Erst mit neun Monaten verlässt das junge Känguru den kuscheligen Beutel.

Känguru

Richtig oder Falsch?

Schmetterlinge schlüpfen und können fliegen.

FALSCH. Aus Schmetterlingseiern schlüpfen gefräßige Raupen. Erst später werden sie zu Schmetterlingen.

Der Kuckuck ist eine besonders gute Mutter.

FALSCH. Der Kuckuck legt seine Eier in die Nester anderer Vögel, die brüten die Eier aus und füttern die Kuckucksjungen.

Weißer Hai

Können Haie gut riechen?

Ihr Geruchssinn ist sehr
Beim Schwimmen ström
Wasser durch die Nase
Hais. Sobald er den Ge
von Blut erspürt, schwi
er direkt auf die Geruch
quelle zu.

Hasen

Warum haben Hasen so große Ohren?

Kaninchen und Hasen haben für ihre Größe riesige Ohren und ein feines Gehör. Die zuckenden Ohrmuscheln fangen den Schall auf. Die großen Ohren dienen den Tieren auch als Kühlkörper.

Wie finden Adler ihre Beute?

Mit den Augen, denn wie alle Raubvögel sehen Adler hervorragend. Ein Steinadler kann aus mehr als 1500 Meter Entfernung die kleinste Bewegung eines Kaninchens am Boden erkennen.

Richtig oder Falsch?

Enten haben durchsichtige Augenlider.

RICHTIG. Durchsichtige Augenlider schützen die Augen unter Wasser, die Enten sehen aber noch, wonach sie tauchen.

Spinnen können nicht sehen.

FALSCH. Aber ihre Sehkraft ist schwach. Selbst die am besten sehende Springspinne sieht nur 30 cm weit.

Warum sind Urwälder in Gefahr?

und andere Fragen zu Dingen, die wachsen

Wo leben Pflanzen?

Pflanzen leben überall. Sie wachsen in Städten, auf dem Land, in Flüssen un Seen und am Meer. Manche Pflanzen können sogar dort leben, wo wir es nic könnten. Kakteen überleben in trocke heißen Wüsten, unc auf den eisigen Gip- feln der Berge blüh kleine Pflänzchen.

Wie viele Pflanzenarten gibt es?

Es gibt etwa 400 000 verschiedene Pflanzenarten. Sie kommen in unterschiedlichster Form und Größe vor: als winzige Flechten auf Felsen, wunderschöne Blumen und hoch aufragende Bäume.

Richtig oder Falsch?

Pflanzen leben im Meer.

RICHTIG. Zu den Wasserpflanzen gehören die verschiedenen Arten von Seetang, wie Kelp oder Meersalat.

Bäume sind die größten Pflanzen.

RICHTIG. Die Mammutbäume in Kalifornien (USA) sind die größten Bäume der Welt. Sie erreichen über 100 m Höhe.

Was ist eine Pflanze?

Eine Pflanze ist ein Lebe wesen wie du auch. Wie alle Lebewesen wachsen Pflanzen, sie atmen und sie bekommen Nachwuchs. Anders als Tiere holen sich Pflanzen übe ihre Blätter, Wurzeln, Stiele und Blüten alles, was sie zum Wachsen brauchen. Pilze sind keine Pflanzen, denn sie wachsen auch ohne Sonnenlicht.

Warum haben Pflanzen Wurzeln?

Ein Pflanze braucht Wurzeln, um sich im Boden zu verankern. Große Bäume brauchen besonders lange und kräftige Wurzeln. Die Wurzeln saugen auch Wasser aus dem Boden und transportieren es über den Stamm oder Stängel in den Rest der Pflanze.

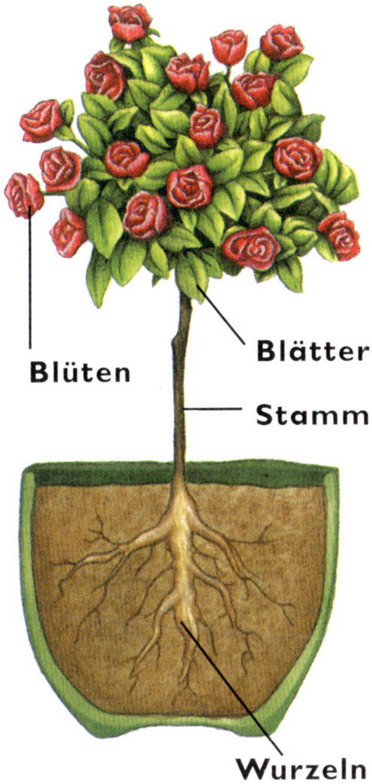

Was brauchen Pflanzen zum Wachsen?

Pflanzen brauchen dazu Sonnenlicht, Wasser, Luft und Platz. Die meisten Pflanzen sterben ohne Licht und feuchte Erde.

Richtig oder Falsch?

Alle Pflanzen wurzeln im Boden.

FALSCH. Manche Pflanzen wachsen auf anderen Pflanzen. Zu diesen Epiphyten gehören auch wunderschöne Orchideen.

Pflanzen können sich fortbewegen.

RICHTIG. Pflanzen wandern nicht umher, aber sie bewegen sich beim Wachsen fort. Einige Kletterpflanzen ranken sich an anderen Gewächsen empor.

Warum haben Pflanzen Blätter?

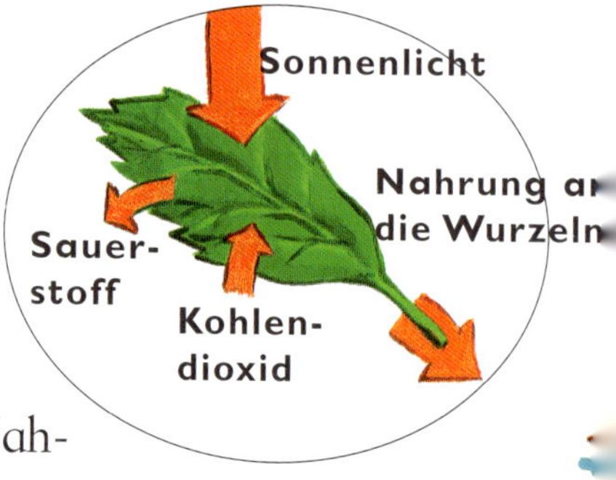

Die Blätter leisten Schwerstarbeit, um die Pflanze mit Nahrung zum Wachsen zu versorgen. Die Blätter enthalten den grünen Farbstoff Chlorophyll, mit dessen Hilfe aus dem Kohlendioxid der Luft und Wasser Zucker erzeugt wird. Der bei diesem Prozess der Photosynthese entstandene Zucker ernährt die Pflanze.

Warum verfärben sich manche Blätter im Herbst?

Grüne Blätter verfärben sich, wenn das Blattgrün oder Chlorophyll zerfällt. Dann werden andere Farben sichtbar und die Blätter sehen nun braun, rot oder goldgelb aus.

Warum haben Pflanzen Stängel?

Die Stängel wachsen zum Sonnenlicht und stützen die Blätter, damit diese Nahrung produzieren können. Stängel transportieren Wasser, Mineralien und den nahrhaften Saft durch die Pflanze. Einige Pflanzen haben gerade, andere gewundene Stängel.

Richtig oder Falsch?

Alle Bäume haben Blätter.

FALSCH. Der Riesenkaktus ist ein blattloser Baum. Aber er hat Chlorophyll in seinen dicken Stämmen, die Zucker produzieren und Wasser speichern.

Pflanzen schwitzen.

RICHTIG. Bei der Photosynthese geben die Pflanzen Wasser ab, wie man an den Scheiben der Gewächshäuser sehen kann.

Warum verlieren Bäume ihr Blätter?

Manche Bäume verlieren ir Winter ihre Blätter, wenn das Sonnenlicht schwach is und das Wasser im Boden gefriert. Diese laubabwerfenden Bäume ruhen den Winter über. Sie speichern im Sommer genügend Nah rung, um bis zum nächster Frühling zu überleben, we neue Blätter nachwachsen.

Was sind Jahresringe?

Ein Baumstamm bekommt jedes Jahr einen Wachstumsring hinzu. Der Ring ist breit, wenn der Baum in einem warmen Sommer mit viel Regen stark gewachsen ist. Bei ungünstiger Witterung wird er eher schmal ausfallen.

Verlieren alle Bäume ihre Blätter?

Nein, manche behalten ihre Blätter das ganze Jahr über. Solche Bäume wie Fichten, Tannen oder Kiefern werden als immergrüne Bäume bezeichnet.

Richtig oder Falsch?

Pflanzen schlafen.

RICHTIG. Grünpflanzen können nur tagsüber Nahrung produzieren, wenn ausreichend Sonnenlicht da ist. Nachts legen sie eine Ruhephase ein.

Manche Bäume sind uralt.

Einige Grannenkiefern sind über 4500 Jahre alt und damit die ältesten Bäume der Welt.

Warum haben Pflanzen Blüten?

Die meisten Pflanzen haben farbenprächtige Blüten, um Vögel, Fledermäuse und verschiedenste Insekten wie Käfer, Schmetterlinge und Bienen anzulocken. Diese Tiere helfen der Pflanze bei der Produktion von Samen für neue Pflanzen.

Warum duften Blüten?

Süß duftende Blüten ziehen Tiere an. Der Duft signalisiert Insekten und anderen Tieren, dass die Blüte einen süßen, zuckrigen Saft enthält. Diesen Nektar trinken die Tiere sehr gerne.

Wie entstehen Samen?

Pflanzen haben männliche Teile, die Staubblätter, und weibliche Teile, die Fruchtblätter oder Stempel. Die Staubblätter produzieren Pollen. In den Stempeln sitzen Eizellen. Durch Bestäubung, das Verschmelzen der Pollen mit den Eizellen, entstehen Samen.

Richtig oder Falsch?

Alle Blumen riechen süß.

FALSCH. Die Rafflesia-Pflanze riecht wie verfaultes Fleisch, um Fliegen anzulocken, die diesen Gestank mögen.

Manche Blumen blühen nachts.

RICHTIG. Die Nachtkerze öffnet ihre Blütenblätter in der Nacht und verströmt einen süßen Duft, um Nachtmotten anzulocken.

Wie helfen Insekten den Blumen?

Insekten helfen bei der Bestäubung, indem sie Pollen von den Staubblättern einer Pflanze zu den Stempeln einer anderen tragen. Wenn eine Biene den süßen Nektar einer Blüte aufsaugt, bleiben Pollen an ihrem haarigen Körper kleben. Die werden an der nächsten Blüte abgestreift.

Wie trinken manche Vögel aus Blüten?

Auch manche Vögel mögen Nektar. Kolibris saugen ihn mit ihrem langen Schnabel auf. Beim Trinken berührt ihr Kopf die Staubblätter mit den Pollen.

Welche Blumen lieben Fledermäuse?

Manche Fledermäuse trinken aus Strelizienblüten. Der Pollen tragende Teil der Blüte ist flach, damit das Tier sich darauf niederlassen kann.

Richtig oder Falsch?

Pollen sind winzig.

RICHTIG. Pollenkörnchen sind so klein, dass 50 Stück auf eine Nadelspitze passen würden.

Alle Pflanzen brauchen Tiere für die Bestäubung.

FALSCH. Manche Pflanzen wie das Klettenlabkraut bestäuben sich selbst. Bei anderen trägt der Wind die Pollen zu den Fruchtblättern benachbarter Pflanzen. Das gilt für die meisten Gräser und Bäume.

Wie viele Samen sind in einer Frucht?

Manche Früchte wie Pfirsiche, Mangos und Avocados enthalten einen Kern mit nur einem großen Samen. Andere wie Orangen, Zitronen, Äpfel und Birnen haben mehrere, Kerne genannte Samen.

Was tun Pflanzen für ihre Samen?

Viele Samen sind beim Heranwachsen durch harte Schalen geschützt. Andere werden von schmackhaftem, farbigem Fruchtfleisch umhüllt. Tiere fressen mit den Früchten auch die Samen und helfen so bei deren Verbreitung.

Innenansicht einer Avocado

Richtig oder Falsch?

Tomaten sind ein Gemüse.

FALSCH. Viele meinen, Tomaten, Gurken und Erbsen wären Gemüse, doch tatsächlich sind sie Früchte, denn sie enthalten Samen.

Nüsse sind Samen.

RICHTIG. Nüsse sind von einer harten oder stacheligen Schale umgebene Samen.

Welche Samen können fliegen?

Einige kleine, leichte Samen fliegen durch die Luft. Ahornsamen habe Flügel und Löwenzahnsamen kleine Fallschirm Andere Samen sind run beim Herunterfallen roll sie am Boden von der Mutterpflanze weg, um genug Platz zum Wachs zu finden.

Wie helfen Tiere, Samen zu verbreiten?

Wenn Tiere Früchte fressen, spucken sie den Samen danach aus, oder er wandert durch ihren Körper und fällt mit dem Kot zu Boden. Samen mit winzigen Widerhaken und Stacheln hängen sich im Fell fest und werden so weit mitgetragen.

Richtig oder Falsch?

Pflanzen explodieren.

RICHTIG. Manche Pflanzen wie der Mohn oder die Mondviole haben Samenkapseln, die aufplatzen und die Samen wegschleudern.

Samen können schwimmen.

RICHTIG. Kokosnüsse fallen ins Meer und treiben weit entfernt an Land. Jede Nuss enthält die Nahrung für eine neue Kokosnusspalme.

Was brauchen Samen?

Wie große Pflanzen brauchen auch Samen Licht, Luft, Wasser und Platz zum Wachsen. Meist treiben die Samen im Frühling aus, wenn die Erde warm ist und es oft regnet. Manche Samen werden vom Menschen absichtlich gesät, um Blumen, Früchte und Gemüse zu ziehen.

Abge-
schnitte
Karotte

Wie wachsen Samen?

Die Samen blähen sich in der feuchten Erde auf, bis ihre Hülle platzt. Dann gräbt sich eine winzige Wurzel in den Boden und ein zarter Spross wächst zum Licht. Wenn ein Samen zu wachsen beginnt, sagt man, er keimt.

Welche Pflanzen sind einfach zu ziehen?

Ringelblumen, Kresse, Erbsen, Bohnen und Senf sind leicht aus Samen heranzuziehen. Du kannst sogar eine abgeschnittene Karotte zum Wachsen bringen.

Richtig oder Falsch?

Zuerst wachsen Wurzeln aus den Samen.

RICHTIG. Die Wurzeln wachsen zuerst, um Wasser aufzunehmen. Dann wachsen Triebe und Stängel.

Samen müssen schnell wachsen.

FALSCH. Manche Samen in der Wüste warten mehrere Jahre, bis es regnet und sie wachsen können.

Haben alle Pflanzen Samen?

Viele Blütenpflanzen v
mehren sich mit Samen
andere nutzen dazu ih
Zwiebeln, Wurzeln od
Stängel. Osterglocken
und Tulpen bilden vie
kleine Zwiebeln aus.
Knollen und Rhizome
sind dicke unterirdisch
Pflanzenteile voller
Nährstoffe. Manche v
Kartoffeln und Karott
kann man essen.

Welche Pflanzen haben Ausläufer?

Erdbeeren beispielsweise haben Ausläufer, lange Triebe, die sich im Boden verwurzeln. Wenn die neue Pflanze wächst, stirbt der Ausläufer ab.

Was sind Sporen?

Sporen sind winzige, staubartige Körnchen, die von Moosen und Flechten gebildet werden. Die Pflanzen haben keine Blüten oder Samen, dafür wachsen aus ihren Sporen neue Pflanzen.

Richtig oder Falsch?

Manche Knollen sind essbar.

RICHTIG. Zwiebeln und Knoblauch sind essbare Knollen. Andere, wie die der Osterglocken und Tulpen, sind giftig.

Kartoffeln haben Augen.

RICHTIG. Kartoffelaugen nennt man winzige Knospen, aus denen neue Kartoffelpflanzen wachsen.

Welche Pflanzen leben im Süßwasser?

Süßwasserpflanzen wachsen in Teichen, Seen, Bächen und Flüssen. Meist sind sie mit Wurzeln im Schlamm verankert. Ihre Stiele wachsen im Wasser empor, und Blätter und Blüten öffnen sich an der Wasseroberfläche.

Algen haben keine Wurzeln. Sie klammern sich mit einer so genannten Haftscheibe an Felsen fest.

Welche Pflanzen leben im Salzwasser?

Algen oder Tang sind Pflanzen, die im Salzwasser leben. Algen können rot, braun, grün oder blau gefärbt sein. Alle enthalten Chlorophyll für die Photosynthese. Einige Algen halten sich an Felsen fest, andere haben eingeschlossene Luftbläschen, damit sie sich im Wasser treiben lassen können.

Richtig oder Falsch?

Wasserpflanzen haben oft zwei Sorten Blätter.

RICHTIG. Unterwasserblätter sind meist schmal. Die Überwasserblätter sind größer, um das Sonnenlicht einzufangen.

Algen können so groß wie Bäume werden.

RICHTIG. Kelp-Algen werden bis zu 200 m lang. Vor Kalifornien wachsen richtige Kelp-Wälder.

Gibt es gefährliche Pflanzen?

Einige Pflanzen enthalten Gift, um nicht von Tieren gefressen zu werden. Fingerhut, Goldregen und Tollkirsche sind Giftpflanzen. Giftefeu verursacht bei Kontakt mit der Haut schmerzhafte Bläschen. Streicht man über Brennnesseln, spritzen sie mit ihren feinen Härchen eine reizende Flüssigkeit unter die Haut.

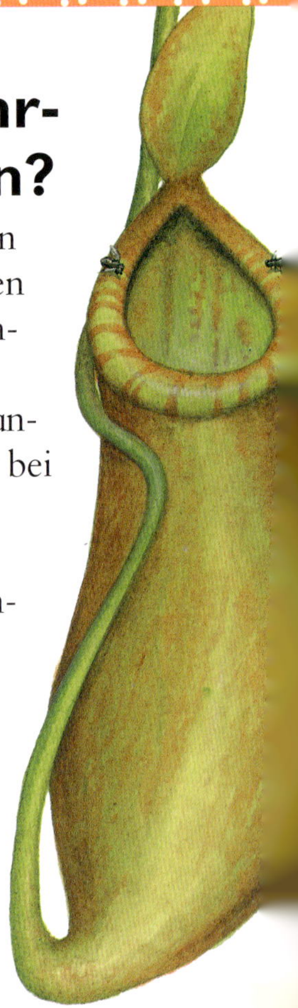

Welche Pflanzen haben Waffen?

Brombeeren und Rosen haben Dornen, Kakteen spitze Stacheln und Stechpalmen pieksende Blätter, um sich vorm Gefressenwerden zu schützen

Welche Pflanzen fressen Fleisch?

Einige Pflanzen ernähren sich von Insekten. Sobald ein Insekt die Fühlhaare auf der Blattinnenseite der Venusfliegenfalle berührt, klappt das Blatt zu und hält das Insekt fest. Vom Rand der Kannenpflanze rutschen die Insekten ab und ertrinken in der Flüssigkeit am Grund.

Richtig oder Falsch?

Manche Gifte haben Heilwirkung.

RICHTIG. In geringen Mengen kann das Gift des Fingerhuts als Medizin für Menschen mit Herzschwäche eingesetzt werden.

Kartoffeln sind giftig.

RICHTIG. Alle oberirdischen Pflanzenteile sind giftig, die Knollen kann man essen.

Welche Pflanzen kann man essen?

Man kann die verschiedensten Pflanzen essen. Wir verspeisen Blätter, Wurzeln und Stiele von Gemüsepflanzen und viele Fruchtarten und Nüsse. Zucker, Gewürze, Haferflocken und Cornflakes, sogar Schokolade werden aus Pflanzen gemacht.

Wie helfen uns Pflanzen?

Pflanzen liefern uns neben Nahrung noch viele andere Dinge. Baumwollstoff kommt aus der Baumwollpflanze und Leinen aus dem Flachs. Aus Pflanzen werden Öle, Kosmetikprodukte und Arzneimittel hergestellt.

Eukalyptus (Erkältungskuren)

Raps (Maschinenöl)

Seetang (fotografische Filme)

Baumwolle (Kleidung)

Aloe vera (Gesichtscreme)

Fingerhut (Herzmedikamente)

Richtig oder Falsch?

Pflanzen liefern gute Ideen.

RICHTIG. Die Klette hat Samen mit winzigen Widerhaken. Daher stammt die Idee für die Klettverschlüsse an Kleidern, Schuhen und Taschen.

Dieses Buch ist aus Pflanzen gemacht.

RICHTIG. Bücher werden aus Papier gemacht, und das meiste Papier wird aus Holz gewonnen.

Sind Pflanzen in Gefahr?

Waldbrände und die Verschmutzung durch Auto- und Industrieabgase bedrohen die Pflanzen. Auch der Bau neuer Häuser und Straßen gefährdet viele der in diesen Gegenden wachsenden Pflanzen.

Warum sind die Urwälder in Gefahr?

Den Urwäldern droht die Zerstörung, denn viele Bäume werden für die Holzgewinnung oder zur Sc
fung von Weideland gefällt. Durch diesen Kahlschl
können viele Pflanzen- und Tierarten aussterben.

Kann ich helfen, Pflanzen zu schützen?

Ja, indem du vor allem in Schutzgebieten keine wilden Blumen pflückst. Vielleicht kannst du in eurem Garten oder einem Park einen Baum pflanzen oder einen kleinen Wildgarten aussäen.

Richtig oder Falsch?

Wälder können wieder nachwachsen.

RICHTIG. Aber sehr langsam, ein Wald braucht hunderte von Jahren zum Nachwachsen. Mehr als 400 Pflanzenarten sterben jährlich aus.

Einige Pflanzen können andere verletzen.

RICHTIG. Die Würgfeige windet sich beim Wachsen so fest um einen Baum, dass er schließlich abstirbt.

Fragen und Antworten zu

Flügeln und Rädern

WELCHE AUTOS HATTEN FLOSSEN?
und andere Fragen zu Kraftfahrzeugen

WELCHE TRUCKS ZERQUETSCHEN AUTOS?
und andere Fragen zu Lastern und Baggern

WAS IST EIN ZEPPELIN?
und andere Fragen zu Flugmaschinen

WOZU WIRD DER SHUTTLE EINGESETZT?
und andere Fragen
Raumfahrt

Welche Autos hatten Flossen?

und andere Fragen zu Kraftfahrzeugen

Wie reiste man früher?

Vor der Erfindung des Autos reiste man oft in Kutschen, die von mehreren Pferden gezogen wurden. Die Reise war staubig, unbequem und meist nicht sehr schnell.

Dampfauto

Gab es Autos mit Dampfantrieb?

Einige frühe Autos wurden
Lokomotiven mit Dam
angetrieben. Dampfma
schinen waren zw
leistungsfähiger a
Benzinmotoren, d
aber schwerer un
sehr arbeitsintens

Welchen Treibstoff benutzen Autos?

Seit über 100 Jahren laufen die meisten Autos mit Benzin. Zunächst gab es nur wenige Tankstellen, und die meisten Fahrer hatten Reservekanister mit Benzin dabei. Je schneller Autos mit Benzin wurden, desto mehr geriet der Dampfantrieb in Vergessenheit.

Frühe Tankstelle

Richtig oder Falsch?

Die ersten Autos waren sehr schnell.

FALSCH. Früher musste jemand mit einer roten Flagge vor jedem Auto herlaufen, um andere Verkehrsteilnehmer zu warnen.

Damals verhüllten die Fahrer ihr Gesicht.

RICHTIG. Die ersten Autos waren offen und die Straßen staubig, deshalb mummten sich die Fahrer zu ihrem Schutz gut ein.

Wer baute das erste Auto?

Das erste für den Verkauf bestimmte Auto war 1887 der dreirädrige Benz Patent-Motorwagen. Er sah aus wie ein Sessel auf Rädern und war so langsam, dass er keinen Hügel überwand.

Benz Patent-Motorwagen

Wie lenk man die ersten Autos?

Noch ohne Lenk rad: Der Fahrer steuerte sie mit einem Hebel od drehte eine Kur am Ende einer Lenkstange.

Wer war Daimler?

Gottlieb Daimler, ein deutscher Ingenieur, baute 1885 das allererste Motorrad. Er konstruierte auch eines der ersten benzinbetriebenen vierrädrigen Autos. Seine Autos waren schwierig zu fahren, funktionierten aber viel besser als die meisten damaligen Autos.

Daimlers erstes Auto

Richtig oder Falsch?

Am Anfang gab es häufig Pannen.

RICHTIG. Die ersten Autos waren sehr unzuverlässig. Manche Fahrer verbrachten die meiste Zeit mit Reparaturen.

Die Autos mussten angekurbelt werden.

RICHTIG. Autos konnten nicht per Schlüssel starten. Sie hatten vorne eine Starterkurbel.

Wann fand das erste Autorennen statt?

1894 zwischen Paris und Rouen. 13 Fahrzeuge nahmen teil. Es siegte ein de-Dion-Dampftraktor mit einer Geschwindigkeit von 18 km/h.

Das erste Autorenne

Was war ein „Blower Bentley“?

„Blower Bentleys“ waren sehr schnelle Rennautos der 1920er- und 1930er-Jahre. Sie verfügten über einen Kompressor, der die Autos superschnell machte.

„Blower Bentley“

Welches Auto war nie zufrieden?

Camille Jenatzys Elektroauto wurde „La Jamais Contente“ (die ewig Unzufriedene) genannt. Jenatzy selbst war zufrieden, denn sein Auto brach den Geschwindigkeitsrekord.

„La Jamais Contente“

Richtig oder Falsch?

Autorennen waren gefährlich.

RICHTIG. Schlechte Bremsen und häufige Unfälle gefährdeten Fahrer und Passanten. Weder Helme noch Gurte schützten die Fahrer, und die Rennen fanden auf öffentlichen Straßen statt.

Raketenautos wurden lange vor Weltraumraketen erfunden.

RICHTIG. Das Heyland-Raketenauto fuhr bereits 1931. Die erste Weltraumrakete startete erst 26 Jahre später.

Welches Auto war ein Baby?

Der Austin „Seven“ wurde scherzhaft „Baby Austin“ genannt, weil er so klein war. In den 1920er-Jahren war er in England das populärste Auto.

Austin „Seven“

Welches Auto gab es nur in Schwarz?

Das Ford-Modell „T“ – auch „Tin Lizzie“ genannt – verließ die Fabrik immer in Schwarz lackiert. Es war übrigens seinerzeit das weltweit meistgebaute Auto.

Modell „T“ von Ford

Wie sahen die ersten Busse aus?

So ähnlich wie Kutschen. Charabancs hießen die ersten motorisierten Busse ohne Fenster. Die Passagiere saßen auf Holzbänken.

Richtig oder Falsch?

Fords kamen vom Fließband.

RICHTIG. In den Ford-Fabriken wurden erstmals Autos am Fließband gefertigt.

Alle Autos hatten ein festes Verdeck.

FALSCH. Die ersten Autos hatten aufklappbare Stoffverdecke. Die Insassen schwitzten im Sommer und froren im Winter.

Welches war das komfortabelste Auto?

Rolls Royces waren immer schon sehr ruhige, komfortable und teure Autos. Der „Silver Ghost“ aus dem Jahre 1917 machte da keine Ausnahme.

Rolls Royce „Silver Ghost“

Welches Auto war königlich?

Ettore Bugatti hoffte, alle europäischen Königshäuser wü den einen Bugatti „Royale“ kaufen. Es wurden aber nur sechs Autos gebaut, die heute Millione wert sin

Bugatti „Royale“

Was war ein Cord?

Der Cord zählte zu den luxuriösesten amerikanischen Autos der 1920er- und 1930er-Jahre. Nur wenige Exemplare wurden gebaut, viele sind heute noch erhalten.

Cord 810

Richtig oder Falsch?

Passagiere konnten im Auto picknicken.

RICHTIG. Luxuskarossen wie die Autos von Rolls Royce hatten im Fond Tische, die man bei Bedarf aufklappen konnte.

Alle Autos hatten elektrische Hupen.

FALSCH. Die frühen Automobilisten mussten zum Hupen einen Gummiball an einem Horn betätigen.

Was ist das Besondere an amerikanischen Autos?

Die Autos dort waren immer schon viel größer als die europäisch
Das Straßennetz war besser ausgebaut und das Benzin billiger als
Europa. Viele Familien konnten sich deshalb große Autos leisten.

1939er Plymouth

Warum heißt der Volkswagen „Käfer“

Weil seine Forr
ein wenig an ei
Insekt erinnert.
2003 wurden n
als 21 Millione
„Käfer“ gebau

Seit wann gibt es Autobahnen?

Bevor das Auto erfunden wurde, waren die Straßen noch schmal und holprig. Doch die immer schnelleren Autos brauchten breitere Straßen. Die erste deutsche Autobahn wurde 1932 eröffnet.

Volkswagen „Käfer“

Richtig oder Falsch?

Käfer konnten schwimmen.

RICHTIG. Im 2. Weltkrieg wurden auf der Basis des VW „Käfers“ so genannte Kübelwagen gebaut, die schwimmen konnten.

Automobilisten verirrten sich häufig.

RICHTIG. Anfangs gab es nur wenige Hinweisschilder und Wegweiser. Vorsichtige Autofahrer hatten immer eine Landkarte dabei.

Was ist eine Rallye?

Ein Rennen, bei dem umgebaute Serienautos abseits der Straßen quer durch das Gelände um die Wette fahren. Rallyes können über Eis und Schnee, durch die Wüste oder über einen abgeernteten Rübenacker führen.

Was ist die Formel 1?

Eine Sammlung sehr stre
ger Vorschriften über de
Bau von Rennwagen. Damit soll gewährleistet
werden, dass die Renner
für alle Teilnehmer fair bleiben.

Formel-1-Rennwagen

Wie schnell fahren Rennautos?

Formel-1-Boliden erreichen bis zu 300 km/h. Die amerikanischen Indycars erreichen sogar 370 km/h, das ist mehr als das Vierfache des Tempolimits auf amerikanischen Highways.

Richtig oder Falsch?

Rennen sind immer sehr kurz.

FALSCH. „Dragster"-Rennen dauern zwar nur wenige Sekunden, aber das Rennen im französischen Le Mans dauert 24 Stunden – einen Tag und eine Nacht.

Es gibt Autorennen in der Stadt.

RICHTIG. In Monaco und Melbourne werden Formel-1-Rennen in Innenstädten ausgetragen. Natürlich werden die Straßen vorher abgesperrt.

Welche Autos hatten Flossen?

In den 1950er-Jahren hatten viele amerikanische Autos riesige Heckflossen, chromglänzende Stoßstangen und auffällige Rückleuchten. Manche sahen fast wie fremdartige Raumschiffe aus.

Was sind Stretchlimos?

Lange Autos können mit eingeschweißten Mittelstücken noch weiter gestreckt (engl. „stretched“) werden. Die längste je gebaute Stretchlimousine ist 30 Meter lang und mit Swimmingpool und Hubschrauberlandeplatz ausgestattet.

Stretchlimousine

Tucker ’48

Was war das Besondere an Tucker-Autos?

Dieser ungewöhnliche Tucker ’48 erhielt den Spitznamen „Tin Goose“ (Blechgans). Der Motor saß hinten, und die Frontscheinwerfer folgten den Lenkbewegungen des Fahrers.

Richtig oder Falsch?

Autos haben mindestens vier Räder.

FALSCH. Einige Kleinwagen wie der Reliant „Robin“ und der Morgan „Three-Wheeler“ hatten nur drei.

Es gab Autos mit Flügeln.

RICHTIG. Die Türen des Mercedes Benz 300 SL von 1952 öffneten sich nach oben. Das Coupé sah dann von hinten mit geöffneten Türen wie eine Möwe mit ausgebreiteten Flügeln aus.

BMW „Isetta“

Hatten alle Autos mindestens zwei Türen?

Die BMW „Isetta“ wurde wegen ihrer Form „Ei“ oder „Kugelblitz“ genannt. Sie hatte nur eine Tür, die sich nach vorne öffnete. Im Inneren gab es Platz für den Fahrer und einen Passagier.

Welches Auto ist „smart“?

Der „Smart“ ist ein moderner Kleinwagen, der sich flink durch den dichten Stadtverkehr schlängelt. Weil er so kurz und kompakt ist, kann der „Smart“ selbst kleinste Parklücken nutzen.

„Smart“

Renault „Zoom“

Welches Auto ist zusammenklappbar?

Beim Renault „Zoom“ kann man die Hinterräder anklappen, um ihn zum Parken zu verkürzen. Weil er mit einem Elektromotor betrieben wird, produziert er auch keine Abgase.

Richtig oder Falsch?

„Frogeyes“ sehen wie Frösche aus.

RICHTIG. Der Austin Healey „Sprite“ erhielt den Spitznamen „Frogeye“, denn die großen Scheinwerfer und der Kühlergrill ließen ihn wie einen grinsenden Frosch aussehen.

Im Mini kann man Rennen fahren.

RICHTIG. Mini Cooper gewannen dreimal die Rallye Monte Carlo. Sie waren gute Rallyeautos, weil sie die Kurven sehr schnell nehmen konnten.

Was sind Sportwagen?

Sportwagen dienen vorrangig dem Vergnügen. Oft haben sie ein klappbares Verdeck und einen schmalen Rumpf und sie fahren meist viel schneller als normale PKWs.

Ferrari F40

Welches Auto heißt wie eine Schlange?

Der AC „Cobra“ ist nach einer Giftschlange benannt. Für schnelles Fahr[...] hat er einen kräftige[...] Motor, breite[...] Reifen und eine verstär[...]te Karosseri[...] Der „Cobra[...] war ein toller Rennwagen.

AC „Cobra“

Was ist ein „Muscle Car"?

„Muscle Cars" (Muskelautos) sind normale Autos, die auf Hochleistung getrimmt werden. Der „Shelby Mustang" war ein getunter Ford „Mustang" des legendären Rennfahrers Carroll Shelby.

Shelby Mustang

Richtig oder Falsch?

Morgans werden von Robotern gebaut.

FALSCH. Früher entstanden alle Autos in Handarbeit, Morgan-Sportwagen werden auch heute noch von Hand gebaut und sind fast unbezahlbar.

Alle Sportwagen haben den Motor vorne.

FALSCH. Bei manchen Sportwagen, wie dem Porsche 911, sitzt der Motor im Heck, und der Kofferraum ist vorne.

Was war ein Aerocar?

Ein Auto, das fliegen konnte. Zur Fahrt auf der Straße wurden Flügel und Heckflossen wieder abmontiert.

Aerocar

Welches Auto konnte tauchen?

Der Lotus-Sportwagen aus dem James-Bond-Film „Der Spion, der mich liebte“ konnte sich in ein U-Boot verwandeln und am Strand wieder aus dem Wasser fahren.

James Bonds Lotus „Esprit

Was ist ein „Hot Rod“?

Ein „Hot Rod“ ist ein „aufgemotzter“ alter PKW. Die Autos bekommen für den Renneinsatz superstarke Motoren, ein niedrigeres Dach, breite Reifen und eine grellbunte Lackierung.

Hot Rods“

Richtig oder Falsch?

Manche Autos sind lustig.

RICHTIG. Diese „Funny Cars“ für Dragster-Rennen haben eine verlängerte Karosserie und riesige Motoren.

Autos werden in Fabriken gebaut.

FALSCH. Einige Sportwagen kann man als Bausatz kaufen, den man dann zuhause wie ein Modellbauauto zusammensetzt – nur etwas größer.

Was ist ein „Dragster“?

Ein sehr starker Rennwagen, mit dem Beschleunigungsrennen über kurze Distanzen gefahren werden. Weil normale Bremsen nicht ausreichen, brauchen diese Renner zusätzlich Fallschirme zum Abbremsen.

„Thrust SSC“

„Dragster“

Welches ist das allerschnellste Auto?

Der „Thrust SSC“ durchbrach als erstes Auto überhaupt 1997 die Schallmauer. Angetrieben wurde es mit zwei für Kampfjets bestimmten Düsentriebwerken, abgebremst mit vier Fallschirmen.

Welcher Vogel war fast 500 km/h schnell?

Malcolm Campbell verbesserte zwischen 1924 und 1935 insgesamt neunmal den Geschwindigkeitsrekord für Straßenfahrzeuge. Mit seinem „Bluebird“ war er fast 500 km/h schnell.

„Bluebird“

Richtig oder Falsch?

Ein McLaren F1 erreichte 386 km/h.

RICHTIG. Nur wenige McLaren F1 wurden produziert, die glücklichen Besitzer können aber das bislang schnellste je gebaute Straßenfahrzeug ihr Eigen nennen.

Raketenautos sind schneller als Jetcars.

FALSCH. Mit Raketenantrieb erreichte „Blue Flame“ 1970 1016 km/h, der Thrust SSC jedoch 1228 km/h.

Welches Auto lenkte sich selbst?

KITT

KITT war ein Spezialauto aus der Fernsehserie „Knightrider“. KITT konnte sich selbst steuern und sogar sprechen, um seinen Besitzer zu warnen, wenn er verfolgt wurde.

Was war „Chitty Chitty Bang Bang“?

Nur drei Autos wurden unter diesem Namen gebaut. Es handelte sich um Rennautos aus den 1920er-Jahren, die mit Flugzeugmotoren angetrieben wurden.

„Chitty Chitty Bang Bang“

Welches Auto hatte einen Schleudersitz?

James Bonds Aston Martin DB5 in dem Film „Goldfinger". Wollte Bond seinen Beifahrer loswerden, drückte er einen Knopf, und der Passagier schoss aus dem Wagen.

Aston Martin DB5

Richtig oder Falsch?

Manche Autos sind kugelsicher.

RICHTIG. Viele wichtige Personen reisen in mit Panzerstahl und -glas gesicherten Autos. Diese Autos sind sehr schwer und teuer.

Queen Elizabeth braucht keine Nummernschilder.

RICHTIG. Nur Autos der britischen Königin brauchen keine Autokennzeichen, die in England und anderswo natürlich zwingend vorgeschrieben sind.

Was ist ein „Sunraycer“?

Jedes Jahr wird in Australien ein Rennen für mit Sonnenenergie betriebene Autos veranstaltet. Einer der Teilnehmer, der unten abgebildete Sonnenstrahl-Renner, war unter der australischen Sonne 40 km/h schnell.

„Sunraycer“

Welches Auto passt in einen Koffer?

Dieses sehr kompakte japanische Auto. Am Ende der Fahrt klappt der Fahrer den Koffer zu und trägt sein Auto.

Wie schnell sind Elektroautos?

Elektroautos sind gewöhnlich langsamer als solche mit Benzinantrieb. Das dreirädrige Elektroauto „Alien" soll aber 240 km/h erreicht haben – genauso viel wie ein moderner Sportwagen.

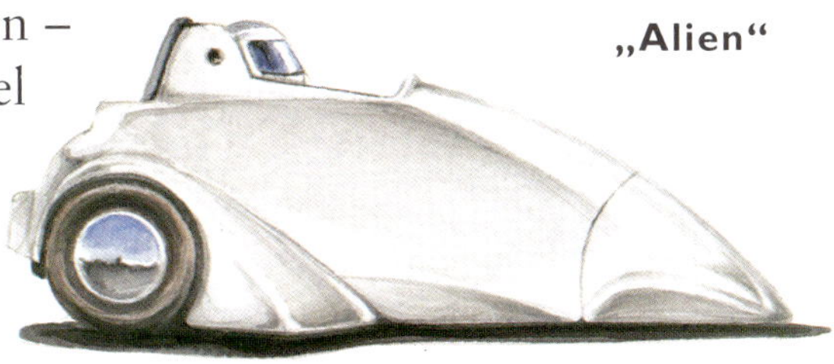
„Alien"

Richtig oder Falsch?

Manche Wagen haben Segel.

RICHTIG. Strandsegler sind Segelboote auf Rädern. Bei entsprechendem Wind können die dreirädrigen Segler bis zu 120 km/h schnell werden.

Manche Elektroautos benutzen Benzin.

RICHTIG. Hybridfahrzeuge sind Elektroautos mit einem zusätzlichen Benzinmotor. Er dient vor allem zum Aufladen der elektrischen Antriebsbatterien.

Welche Trucks zerquetschen Autos?

und andere Fragen zu Lastern und Baggern

Zugpferde und Karren

Gab es Lastwagen ohne Motor?

Vor der Erfindung der Motoren wurden schwere Lasten von besonders kräftigen Pferden gezogen. Pferde zogen auch die Pflüge auf den Feldern, als es noch keine Traktoren gab.

Dampflastwagen

Gab es Dampfkutschen?

Ja, diese Dampfkutsche wurde 1833 in England gebaut. Bis zu 50 Passagiere reisten damit von Stadt zu Stadt. Die langen Fahrten müssen sehr laut und unbequem gewesen sein.

Dampfkutsche

Wie sahen Dampflastwagen aus?

Dampflaster glichen Eisenbahnen mit riesigen Dampfmaschinen, großen Eisenrädern und rauchenden Schloten. Durch ihr Gewicht beschädigten sie die Straßen.

Richtig oder Falsch?

Dampflaster waren die ersten LKWs.

RICHTIG. Dampflastwagen waren die größten Straßenfahrzeuge, aber auch sie waren viel kleiner als moderne LKWs.

Dampfwagen waren sehr langsam.

RICHTIG. In England musste jemand mit einer roten Flagge vor ihnen herlaufen, um andere Verkehrsteilnehmer zu warnen.

Welcher PKW war auch ein LKW?

Die ersten LKWs waren eigent lich PKWs, die für den Trar port schwerer Lasten umgebaut und verstärkt worden waren. Dieser Truck von 191 basiert auf dem Modell „T“ von Ford.

Ford-Truck Modell „T“

Was bedeutet „Cab-over-engine“?

Bei solch einem LKW sitzt die Fahrerkabine über dem Motor. Für Reparaturen wird das komplette Fahrerhaus nach vorne geklappt, und der Mechaniker gelangt besser an die Maschine.

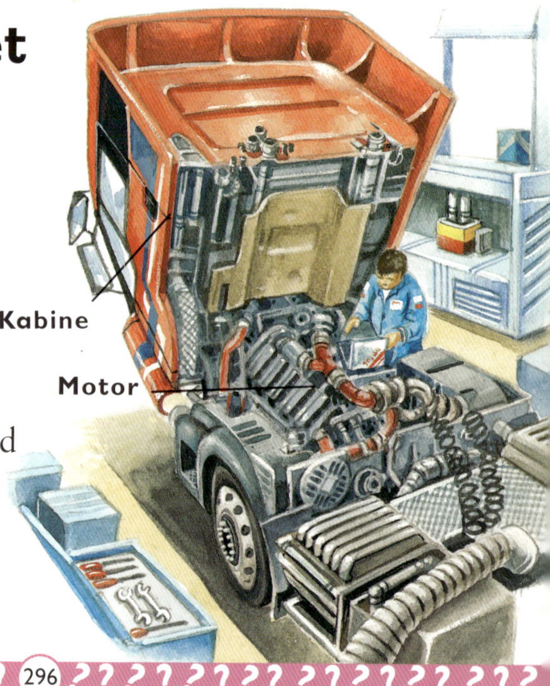

Was kam nach den Dampfwagen?

Dampflastwagen waren laut, schmutzig und unzuverlässig. 1896 baute man die ersten LKWs mit Benzinmotor, die sich rasch verbreiteten. Heute fahren die meisten Trucks mit Diesel.

Dennis-Laster

Richtig oder Falsch?

Einige Laster hatten keine Reifen.

RICHTIG. Bevor die Luftreifen erfunden wurden, hatten LKWs große, schwere Metallräder.

Jeder kann einen Truck fahren.

FALSCH. Ein LKW ist nicht so einfach zu fahren wie ein PKW. Man muss einen besonderen Führerschein erwerben.

Wie wendig sind Sattelschlepper?

Der Auflieger eines Sattelschleppers ist mit einer drehbaren Kupplung an die Zugmaschine gekoppelt. Nur so gelingt es dem Fahrer, auch durch enge Kurven zu fahren.

Sattelschlepper

Wann fahren Zugmaschinen huckepack?

Für die Auslieferung werden neue Laster oft aneinander gehängt. So kann ein Fahrer mehrere Fahrzeuge transportieren, und nur ein Motor verbraucht Treibstoff.

Welche LKWs liefern PKWs aus?

Autotransporter können bis zu zehn PKWs auf einmal befördern. Die Autos werden über Rampen auf den Anhänger gefahren und für den Transport fest verzurrt, damit sie nicht herunterrollen.

Autotransporter

Huckepack-Trucks

Richtig oder Falsch?

LKWs können niesen.

RICHTIG. Das zischende Geräusch ist die aus den Bremsen entweichende Druckluft.

Trucker zünden ihre Autos an.

FALSCH. Aber in sehr kalten Gebieten machen die Fahrer ein Feuerchen unter ihrem LKW, damit der Dieselkraftstoff flüssig bleibt.

Was ist ein Tieflader?

Ein großer Transpor ter mit einem flache Auflieger. Andere Fahrzeuge, Autos, Baumaschinen oder Panzer fahren über Rampen auf die Pla form.

Welche LKWs können Flüsse durchqueren?

Das können Amphibienfahrzeuge, deren Unterseite wasserdicht verkapselt ist, damit kein Wasser in die Kabine oder den Motor gelangt.

Amphibienfahrzeug

Was ist ein Kettenfahrzeug?

Kettenfahrzeuge wie Panzer, Bulldozer usw. fahren auf Raupen aus Metall- oder Gummistreifen, die um die Räder gelegt sind. So wird ein Festfahren der Räder in sandigem oder sumpfigem Gelände verhindert.

Richtig oder Falsch?

Manche Trucks sind gepanzert.

RICHTIG. Sie sind durch sehr stabile Panzerplatten geschützt.

Panzer hatten als erste Ketten.

FALSCH. Bei den ersten Raupenfahrzeugen handelte es sich um Traktoren, damit sie auf morastigen Feldern nicht mehr einsanken. Dann bemerkte man den militärischen Wert des Raupenantriebs.

Druckluftschläuche

Wie bremsen LKWs?

Mit Druckluftbremsen. Ein Kompressor im Fahrzeug verdichtet angesaugte Luft. Tritt der Fahrer aufs Bremspedal, strömt die komprimierte Luft durch die Bremsschläuche und presst die Bremsbacken gegen die Räder.

Was ist der „Klappmesser“-Effekt?

Gefährliche Unfälle können passieren, wenn der Anhänger beim Abbremsen seitlich ausbricht und sich quer stellt. Oft verliert der LKW dabei seine Ladung, und andere Verkehrsteilnehmer werden gefährdet.

Dieser Anhänger hat sich quer geste

Warum haben LKWs so viele Gänge?

LKWs haben oft mehr als 15 Gänge. Schwere Trucks brauchen viele niedrige Gänge zum Bergauf- und Bergabfahren. Die hohen Gänge sind für das Fahren auf ebenen Strecken ausgelegt.

Richtig oder Falsch?

LKWs können keine Steigungsstrecken fahren.

FALSCH. Trucks können auch lange Steigungen überwinden, doch nur langsam, denn sie sind schwerer als PKWs.

Trucker müssen rasten.

RICHTIG. LKW-Fahrer müssen regelmäßige Pausen einlegen, damit sie nicht am Steuer einschlafen und einen Unfall verursachen.

Was ist ein „Custom-Truck?“

Trucker wünschen sich oft ein Fahrzeug, das sich von allen anderen unterscheidet. Sie können ihren Wagen mit neuer Lackierung, durch Zusatzleuchten oder Chromteile individuell gestalten.

„Custom-Truck“

„Traktor Pulling“

Was ist „Traktor Pulling“?

Das sind Rennen mit Traktoren oder Zugmaschinen, die z. B. mit Flugzeugtriebwerken aufgerüstet sind. Sie müssen i
speziellen Wettkämpfe
ein 100-Tonnen-Gewicht über eine Distar
von 100 Metern ziehe

Welche Trucks zerquetschen Autos?

Monster-Trucks sind kleine Pickup-Trucks, die mit riesigen Reifen ausgestattet wurden. Sie fahren Rennen und überwinden große Hindernisse wie etwa reihenweise Schrottautos.

Monster-Truck

Richtig oder Falsch?

Trucks können springen.

RICHTIG. Stuntfahrer rasen mit ihren Trucks über Rampen und fliegen dann über mehrere Autos und andere Hindernisse hinweg.

Trucks können „Wheelies“ fahren.

RICHTIG. Stuntfahrer lassen den Truck mit den Vorderrädern in die Luft steigen. Sie fahren einen „Wheelie“, also nur auf den Hinterreifen.

Was ist ein „Road-Train“?

Ein „Road-Train“ ist ein Sattelschlepper, der nicht nur einen, sondern mehrere Anhänger zieht. Sie sind, etwa in Australien, nur auf sehr langen Strecken unterwegs.

„Road Train“

Welches ist der größte Laster?

Der größte Laster der Welt ist der Kipplaster „Terex Titan“. Jedes seiner Räder ist doppelt so groß wie ein Mensch und wiegt so viel wie drei PKWs.

„Terex Titan“

Was ist ein Bagger?

Ein Bagger gräbt mit einer großen Schaufel am Ende eines beweglichen Arms Löcher in den Boden. Die meisten Bagger fahren auf Raupen.

Bagger

Richtig oder Falsch?

Der „Terex Titan“ fährt auf der Straße.

FALSCH. Dafür ist er viel zu groß. Für den Transport wird er in Teile zerlegt, die man auf Transporter lädt.

Manche LKWs brauchen die Hilfe der Polizei.

RICHTIG. Schwertransporte werden von der Polizei begleitet, die die Straße für sie frei macht.

Wo schlafen LKW-Fahrer?

Trucker sind oft für mehrere Tage unterwegs und müssen irgendwo schlafen. Einige haben ihr Bett in einer Kabine hinter den Sitzen.

Und wo essen sie?

An den Autobahnen gibt es Raststätten, wo die Fahrer etwas essen, tanken, duschen und oft auch ihre Kleider waschen können.

Wie sprechen Fahrer miteinander?

Dazu benutzen sie den CB-Funk. Jeder Trucker hat einen Spitznamen. Er kann die anderen Fahrer vor Gefahren wie Verkehrsstaus oder Unwettern warnen.

LKW-Raststätte

Richtig oder Falsch?

LKWs werden nicht gewaschen.

FALSCH. Es gibt besondere Waschanlagen für LKWs. Die Trucks werden beim Durchfahren von riesigen rotierenden Bürsten sauber geschrubbt.

Trucks haben nie Pannen.

FALSCH. Auch LKWs haben Pannen. Meist gibt es an den Raststationen spezialisierte Mechanikerteams, die sie beheben können.

Was stapelt ein Gabelstapler?

Gabelstapler transportieren z. B. in Fabriken schwere, auf Holzpaletten liegende Lasten. Der Fahrer schiebt die Gabel unter die Palette, hebt sie an und fährt sie woanders hin.

Welche LKWs fahren Langholz?

Langholztransporter bringen Baumstämme aus dem Wald in die Fabrik. Die Stämme sind sehr schwer und können nicht von Hand aufgeladen werden. Jeder Transporter hat einen eingebauten Kran, der sie auf den LKW hebt.

Wer schleppt Flugzeuge?

Flugzeugschlepper sind so stark, dass sie selbst Jumbos ziehen können. Die flachen Fahrzeuge klinken sich am Bugrad an.

Flugzeugschlepper

Richtig oder Falsch?

Alle Laster haben nur einen Motor.

FALSCH. Manche Trucks ziehen so schwere Lasten, dass ein Motor nicht genügt. Der „Terex Titan“ hat je einen Motor pro Rad.

Falschparker werden geliftet.

RICHTIG. Manche Abschleppfahrzeuge können falsch geparkte Autos hochheben und abtransportieren.

Kühltransporter

Gibt es mobil Kühlschränke

Ja! Ein Kühltransport ist ein Eisschrank a Rädern. Lebensm tel werden auch während der Fa tiefgefroren, dami die Kühlkette von d Fabrik zum Supermar nicht abreißt.

Wie wird Benzin geliefert?

Das Benzin kommt in Tanklastern zur Tankstelle. Der Treibstoff wird in riesige, unterirdische Tanks gepumpt. Der Inhalt reicht für etwa 500 PKWs.

Tanklaster

Container-LKW

Wie werden Container transportiert?

Viele der Waren in unseren Geschäften werden in Übersee produziert und kommen in Metallbehältern per Schiff zu uns. Diese Metallcontainer werden vom Schiff auf LKWs verladen und dann zu ihrem Ziel transportiert.

Richtig oder Falsch?

Manche Trucks kippen.

RICHTIG. Eine spezielle Vorrichtung des Kippers hebt und senkt die Ladefläche.

Du kannst in einem Laster fliegen.

FALSCH. Aber LKWs mit Hebebühne heben Arbeiter in die Luft, damit sie z. B. Straßenlampen wechseln können.

Müllwagen

Was passiert mit dem Müll?

Jeder Müllwagen verfügt über eine Presse, die den Abfall während der Sammeltour zusammendrückt. Ist der Wagen voll, wird er auf der Deponie entleert und fährt dann die nächste Tour.

Bergungsfahrzeug

Wie werden LKWs abgeschleppt?

Mit besonders starken Fahrzeugen, die auch von der Straße abgekommenen LKWs wieder auf die Räder helfen.

Betonmisch-fahrzeug

Wie kommt Beton zur Baustelle?

In einem Betonmischer werden Zement und andere Bestandteile zu Beton für den Bau von Häusern vermischt. Auch während der Fahrt dreht sich die Trommel des Mischers. Ist der Beton fertig, wird die Trommel entleert.

Richtig oder Falsch?

Müllwagen leeren Mülltonnen.

RICHTIG. Viele Müllwagen haben mechanische Hebevorrichtungen, die die Tonnen anheben, leeren und danach wieder absetzen.

LKWs werden gewogen.

RICHTIG. Wenn LKWs eine Landesgrenze überqueren, werden sie oft gewogen, um so die fälligen Zoll- und Steuerabgaben zu ermitteln.

Klinomobil

Was ist ein Klinomobil?

Ein Klinomobil ist ein kleinerer Rettungswagen mit Notfallausrüstung, der Verletzte ins Krankenhaus bringt. Dort, wo es weder Krankenhäuser noch Ärzte gibt, werden Patienten in mobilen Hospitälern behandelt. Sogar komplizierte Operationen sind möglich.

Was haben Löschfahrzeuge an Bord?

Feuerwehrfahrzeuge verfügen über kräftige Pumpen, Schläuche, Notfallkoffer, Äxte zum Einschlagen von Türen und kürzere Leitern.

Feuerwehrwagen

Geldtransporter

Wie werden Wertsachen transportiert?

Gepanzerte Geldtransporter holen das Geld bei Geschäften und Banken ab. Es wird diebstahlsicher in einem Tresor verwahrt, den nicht einmal der Fahrer öffnen kann.

Richtig oder Falsch?

Leiterwagen haben zwei Kabinen.

RICHTIG. Am Heck befindet sich eine zweite Steuerkabine, um bei Kurvenfahrten die Hinterräder zu lenken.

Löschfahrzeuge verspritzen Schaum.

RICHTIG. Es ist sehr gefährlich, Feuer in elektrischen Anlagen mit Wasser zu löschen. Die Feuerwehr verwendet deshalb Löschschaum.

Begleitfahrzeug bei der Rallye Paris-Dakar

Welche Trucks reisen durch die Wüste?

Die Rallye Paris-Dakar ist ein Langstreckenrennen für Autos und Motorräder quer durch die Sahara. Auch Begleitfahrzeuge mit Ersatzteilen sind dabei, um bei Unfällen oder Pannen zu helfen.

Gibt es Truck-Rennen?

Mit fast allen Radfahrzeugen fährt man Rennen, auch mit LKWs. Es gibt Querfeldein-Rallyes und Rennkurse. Einige Renntrucks haben mächtige Strahltriebwerke und sind damit schneller als ein Schnellzug.

Pick-up-Rennwagen

Gibt es auch Pick-up-Rennen?

Renntrucks

Pick-ups transportieren normalerweise kleinere Frachten, doch auch damit kann man Rennen fahren. Tiefer gelegte Exemplare mit vielen Spoilern und extrastarken Motoren sind eine amerikanische Spezialität.

Richtig oder Falsch?

Renntrucks sind schneller als Pick-ups.

RICHTIG. Ein umgebautes Fahrzeug der Feuerwehr von Hawaii hält mit 652 km/h den Geschwindigkeitsrekord.

Es gibt „Dragster"-Trucks.

RICHTIG. „Dragster"-Trucks mit gewaltigen Motoren und riesigen Hinterreifen treten paarweise in Rennen über kurze Distanzen gegeneinander an.

Bulldozer

Was ist ein Bulldozer?

Eine besonders schwere Planierraupe. Bulldozer haben vorne einen großen Schild zum Planieren des Untergrunds. Sie sind so stark, dass sie auch Mauern einreißen können.

Radlader

Wie vielseitig kann ein Bagger sein?

Radlader können nicht nur Erde und Schutt verladen. An den Arm an seiner Rückseite passen viele Werkzeuge zum Beispiel für das Aufbrechen von Beton oder zum Bohren oder Ausheben von Löchern.

Wie werden Baukräne montiert?

Mit einem Autokran. Nur der lange Teleskoparm kann Kranelemente und andere schwere Lasten in die Höhe hieven.

Autokran

Richtig oder Falsch?

Bagger haben Korkenzieher.

FALSCH. Zwar sehen manche Bohrer wie Korkenzieher aus, doch damit öffnet man keine Flaschen.

Bagger können hämmern.

RICHTIG. Manche Bagger haben eine so genannte Ramme, einen kraftvollen und lauten Hammer zum Einrammen von Pfählen.

Was ist ein Zeppelin?

und andere Fragen zu Flugmaschinen

Wer baute die ersten Drachen?

Die Chinesen ließen schon vor Jahrhunderten Drachen steigen, um zu prüfen, ob der Wind für ihre Segelschiffe günstig stand.

Heißluftballon Montgolfière

Seit wann fliegen Menschen?

François Pilâtre de Rozi und dem Marquis d'Ar-landes gelang 1783 mit einem Montgolfière-Bal lon der erste Ballonflug Sie flogen etwa 8 Kilo-meter weit über Paris.

Was ist ein Gleiter?

Ein Fluggerät ohne Motor. Otto Lilienthal baute und erprobte vor über 100 Jahren mehrere Exemplare. Im Jahr 1896 verunglückte er bei einem Absturz tödlich.

Otto Lilienthal

Richtig oder Falsch?

Mit Flügeln kann man fliegen.

FALSCH. „Vogelmenschen“ mit umgeschnallten Flügeln blieben nie lange oben.

Ein Ballon umrundete die Erde.

RICHTIG. Mit dem „Breitling Orbiter“ gelang dies zuerst im Jahre 1999. Die Reise dauerte fast drei Wochen.

Welches Flugzeug „flog“ mit Dampf?

„Éole“

Die mit einer Dampfmaschine angetriebene „Éole“ des Franzosen Clément Ader. Mit ihr flog er tatsächlich etwa 50 Meter weit.

Wer waren die Gebrüder Wright?

Die ersten wahren Flugpioniere. Wilbur und Orville Wright bauten das erste Flugzeug mit Benzinmotor. 1903 gelang Orville mit dem „Flyer“ ein Flug von 12 Sekunden Dauer.

„Flyer“

Was ist ein Doppeldecker?

Doppeldecker sind kleine Flugzeuge mit zwei übereinander liegenden Tragflächen. Einst wurden fast alle Maschinen so konstruiert, heute handelt es sich dabei meist um Kunstflieger.

Doppeldecker „Sopwith Camel“

Richtig oder Falsch?

Es gab ein Flugzeug mit 20 Flügeln.

RICHTIG. Horatio Phillips glaubte, sein „Multiplane“ würde mit 20 kleinen Flügeln besser fliegen. Ihm gelangen 1907 damit aber nur einige kurze Hopser.

Flugzeuge waren stets schneller als Autos.

FALSCH. Erst ab 1920 war das Fliegen die schnellste Art der Fortbewegung.

Was ist ein Zeppelin?

Zeppeline waren mit Wasserstoff gefüllte Luftschiffe. Im ersten Drittel des 20. Jahrhunderts stellten sie eine viel versprechende Alternative zu den Flugzeugen dar.

Wer war der Luftschiff-Pionier?

1852 baute Henri Giffard einen Ballon mit Dampfantrieb. Sein P
peller beschleunigte ihn auf knap
8 km/h.

Giffards Luftschiff

Modernes Luftschiff

Gibt es noch immer Luftschiffe?

Ja, doch sie befördern meistens keine Passagiere. Fast immer sind sie mit Werbemotiven beklebt.

Luftschiff „Graf Zeppelin“

Richtig oder Falsch?

Zeppeline waren größer als Jumbo-Jets.

RICHTIG. Der größte Zeppelin, die „Hindenburg“, war mit 245 Metern Länge dreieinhalb Mal so lang wie ein Jumbo-Jet.

Luftschiffe taugen nur für kurze Flüge.

FALSCH. Luftschiffe verkehrten regelmäßig zwischen Europa und Amerika. Sie brauchten für die Reise etwa zwei Tage.

Wer war Blériot?

Der Flugzeugbauer und Pilot Louis Blériot überflog 1909 in seiner selbst gebauten „Blériot XI." als erster Mensch den Ärmelkanal von Frankreich nach England.

Wer flog als erster über den Atlantik?

Schon im Jahre 1919 gelang der erste Non-Stop-Flug über den Atlantik. Zwar ging die Vickers „Vimy" der Piloten John Alcock und Arthur Brown bei der Landung in Irland zu Bruch, doch beide blieben unverletzt.

Und wer überflog zuerst den Pazifik?

Charles Kingsford Smith, Charles Ulm und ihre Crew überquerten 1928 in ihrer „Southern Cross" den Pazifik. Bei einer Zwischenlandung auf einer kleinen Insel wäre das Flugzeug fast an Bäumen hängen geblieben und abgestürzt.

Richtig oder Falsch?

Man kann mit einer Motte fliegen.

RICHTIG. Amy Johnson flog mit ihrer „Gypsy Moth" („Motte") als erste Pilotin von England nach Australien.

Charles Lindbergh gelang die erste Atlantiküberquerung.

FALSCH. Er wagte aber 1927 den ersten Alleinflug von Amerika nach Europa.

Welche Flugzeuge haben Schwimmer?

Wasserflugzeuge haben keine Räder, sondern Schwimmer. So können sie auf dem Wasser starten und landen.

Wasserflugzeug „Supermarine S 6B“

Was ist ein Flugboot?

Ein Flugzeug, dessen Rumpf wie ein Boot geformt ist. Mit seinen hoch angesetzten Flügeln kann es sicher auf dem Wasser starten und landen.

Welche Flugzeuge fliegen ganz niedrig?

Bodeneffektfahrzeuge, halb Schiff, halb Flugzeug, nutzen den besonderen Auftrieb in Bodennähe zum Flug über ruhigere Gewässer.

Bodeneffektfahrzeug

Flugboot „Canopus“

Richtig oder Falsch?

Die „Spruce Goose“ flog nur ein einziges Mal.

RICHTIG. Die „adrette Gans“, das größte Flugzeug seiner Zeit, flog lediglich 1,6 Kilometer weit.

Es gibt Huckepack-Flugzeuge.

RICHTIG. Flugboote sind oft so groß, dass sie kleinere Flugzeuge transportieren können.

„Gloster Meteor"

Seit wann gibt es Düsenflieger?

Die „Gloster Meteor" war 1944 der erste britische Kampfjet. In Deutschland wurde schon 1939 erste Düsenflugzeuge gebaut.

Wer säbelte durch die Luft?

Die „F-86 Sabre" („Säbel") war ein kurz nach dem 2. Weltkrieg gebauter amerikanischer Kampfjet. Bei ihren Piloten waren die sehr schnellen „Sabre"-Flugzeuge überaus populär.

de Havilland „Comet“

Wann startete die „Comet“?

Die de Havilland „Comet“ beförderte als erster Jet Passagiere. Sie hatte vier in die Tragflächen integrierte Düsentriebwerke. 1952 nahm sie den Flugdienst zwischen England und Südafrika auf.

„F-86 Sabre“

Richtig oder Falsch?

Alle Düsenflugzeuge fliegen sehr schnell.

FALSCH. Die Fairchild „Republic A-10“ fliegt eher langsam, kann dafür aber sehr schnell steigen und wenden.

Ein Flugzeug hatte acht Triebwerke.

RICHTIG. Die Boeing „B-52“ war so groß, dass sie acht Düsen brauchte, um sich in der Luft zu halten.

Chuck
Yeager

Wer flog als erster schneller als der Schall?

Der amerikanische Testpilot Chuck Yeager durchbrach 1947 als erster die Schallmauer. Er saß in einer Bell „X-1“ mit Raketenantrieb, die er nach seiner Frau „Glamorous Glennis“ nannte.

Wie schnell fliegt eine Amsel?

Die amerikanische Lockheed „Blackbird“ („Amsel“) ist noch immer der schnellste Jet aller Zeiten. In den 1960er-Jahren lag ihre Spitzengeschwindigkeit bei über 3500 km/h.

Raketenflugzeug „X-15“

Was ist ein Raketenflugzeug?

Raketenflugzeuge sind noch schneller als Düsenjets. Das „X-15“ Raketenflugzeug ist mit weit über 7000 km/h das schnellste Flugzeug überhaupt, zudem hält es mit 108 km den Höhenrekord.

„Blackbird“

Richtig oder Falsch?

Manche Jets sind unsichtbar.

RICHTIG. Der amerikanische „Stealth“-Bomber („Tarnkappenbomber“) ist sehr flach gebaut und in einer Spezialfarbe gestrichen, die die Ortung durch Radarsysteme erschwert.

Düsenjets können im All fliegen.

FALSCH. Düsentriebwerke brauchen zur Treibstoffverbrennung Sauerstoff, und den gibt es im Weltall nicht. Dort arbeiten nur Raketentriebwerke.

Was ist ein Deltaflügel?

Die meisten Flugzeuge haben gerade, schmale Flügel, doch einige sehr schnelle Maschinen wie die Saab „Draken“ oder die „Concorde“ haben kurze, dreieckig geformte Flügel. Sie ermöglichen Überschallgeschwindigkeiten.

Saab „J 35F Draken“

Welches Flugzeug hatte keine Flügel?

Die „X-24B“ hatte gar keine Flügel. Sie startete nicht vom Boden aus, sondern wurde von einem Trägerflugzeug ausgeklinkt.

Welcher Jet hat nach vorn gewinkelte Flügel?

Die Grumman „X-29A“. So werden scharfe Kehrtwendungen auch bei hoher Geschwindigkeit möglich. Das Flugzeug ist nur mit permanenter Computerkontrolle zu fliegen.

Grumman „X-29A“

Richtig oder Falsch?

Manche Jets ändern die Flügelform.

RICHTIG. Das Kampfflugzeug „Tornado“ schwenkt zum Starten und Landen die Flügel aus, für den schnellen Flug werden sie eng angelegt.

Alle Überschallflieger sind Militärflugzeuge.

FLASCH. Die „Concorde“ war allerdings das einzige zivile Flugzeug, das mit Überschallgeschwindigkeit flog.

Was ist Kunstflug?

Kunstflugmaschinen sind kleine, besonders wendige Flugzeuge. Damit lassen sich Flugrollen, Loopings und andere atemberaubende Flugmanöver vorführen.

„Gee Bee“ Rennflugzeuge

Gibt es Flugzeugwettrennen?

Schon bald nach der Erfindung des Flugzeuges fanden die ersten Wettrennen statt. Die kurzen, wuchtigen „Gee Bees“ nahmen Anfang der 1930er-Jahre an Langstreckenrennen über nahezu 9000 Kilometer teil.

Was ist eine Flugschau?

Auf Flugschauen präsentieren Flugzeughersteller auf dem Boden und in der Luft der Öffentlichkeit ihre neuesten Maschinen. Manchmal führen zu diesem Anlass Militärmaschinen Kunstflugformationen vor.

Kunstflugformationen

Richtig oder Falsch?

Kopfüber fliegen geht nicht.

FALSCH. Doch, bei Kunstflugmaschinen geht das. Die Piloten müssen aber gut angeschnallt sein, sonst fallen sie heraus.

Man kann auf einer Tragfläche stehen.

RICHTIG. Man muss sich allerdings fest an die Tragfläche angurten und warm anziehen.

Wie weit fliegt eine „747“?

Als Linienflugzeug kann sie nonstop über 12 000 Kilometer weit fliegen. Das entspricht etwa der Entfernung New York–Tokio.

Jumbo-Jet Boeing „747“

„Concorde“

Welches war die schnellste Linienmaschine?

Die „Concorde“. Mit doppelter Schallgeschwindigkeit flog sie in weniger als drei Stunden von New York nach London.

Können Flugzeuge in Städten landen?

Kleine, leise Maschinen wie die „Dash-7“ brauchen nur eine kurze Rollbahn zum Starten oder Landen. Sie sind ideal für stadtnahe Flughäfen.

„Dash-7“

Richtig oder Falsch?

Flugzeuge können sich selbst steuern.

RICHTIG. Moderne Jets haben computergesteuerte „Autopiloten“. Also keine Panik, wenn der Pilot einmal durchs Flugzeug geht.

Die „Concorde“ war die größte Linienmaschine.

FALSCH. Eine „747“ kann bis zu fünfmal so viele Passagiere befördern.

Westland „Sea King“

Warum fliegen Hubschrauber?

Flugzeuge haben speziell geformte Tragflächen, die bei schneller Vorwärtsbewegung den notwendigen Auftrieb erzeugen. Bei Rotorblättern geschieht dies in einer Kreisbewegung, ein Hubschrauber kann also in der Luft auch „stehen bleiben“.

Was sind die Vorteile der Luftrettung?

Hubschrauber werden häufig bei Notfällen eingesetzt. Sie können auf kleiner Fläche, auf Straßen oder in Parks landen und Kranke oder Verletzte schneller als ein Krankenwagen in die Klinik bringen.

Sikorsky „S-72“

Gibt es Hubschrauber mit Düsenantrieb?

Es gab immer wieder Überlegungen, die Vorzüge von Hubschrauber und Flugzeug miteinander zu kombinieren. Der Sikorsky „S-72“ steigt per Rotor in die Luft auf, dann schaltet der Pilot zwei Düsentriebwerke ein.

Rettungshubschrauber

Richtig oder Falsch?

Hubschrauber sind eher klein.

FALSCH. Der riesige „Chinook“-Helikopter kann 44 Passagiere befördern – mehr als viele Flugzeuge.

Hubschrauber retten Schiffbrüchige.

RICHTIG. Weil sie schweben können, werden Hubschrauber zur Seenotrettung eingesetzt.

Düsen-
rucksack

Was ist ein Düsenrucksack?

Ziemlich fantastisch ist der Düsenrucksack, mit dem ein Mensch abheben und durch die Luft schweben kann – aber nur 30 Sekunden lang.

Was ist ein Senkrechtstarter?

Der Senkrechtstarter „Harrier“ kann den Düsenschub umlenken und senkrecht abheben. Eine Rollbahn ist nicht erforderlich.

Senkrechtstarter
„Harrier“

„Osprey“

Was kann die „Osprey“?

Die „Osprey“ kann ihre Propellermotoren schwenken, zu Rotoren umfunktionieren und wie ein Hubschrauber abheben. In der Luft fliegt sie dann als ein normales Flugzeug weiter.

Richtig oder Falsch?

Man kann in einem Bett fliegen.

FALSCH. Aber einer der ersten Prototypen eines Senkrechtstarters erinnerte an ein „Fliegendes Bettgestell“.

Jets haben Schleudersitze.

RICHTIG. Bei Gefahr können die Piloten einen Knopf drücken und sich aus dem Cockpit katapultieren.

Was sind Ultraleichtflugzeuge?

Ultraleichtflugzeuge sind sehr klein und haben nur einen schwachen Motor. Der Pilot sitzt in einem offenen Cockpit unter der Tragfläche.

Ultraleichtflugzeug

Drachenflieger

Was ist ein Drachenflieger?

Ein Drachenflieger oder Hängegleiter ist sehr leicht und hat gar keinen Motor. Der Pilot hängt in einem Gurt unter der Tragfläche und steuert den Gleiter mit einem Bügel.

Was ist ein Paragleiter?

Paragleiter sehen wie Fallschirme aus. Von Schnellbooten gezogen, füllt sich der Gleiter mit Luft und hebt ab.

Richtig oder Falsch?

Man kann in der Luft „tauchen“.

RICHTIG. Fallschirmspringer springen in großer Höhe aus dem Flugzeug (engl. „skydiving“) und gleiten durch die Luft .

Flugzeuge werden immer in Fabriken gebaut.

FALSCH. Kleinflugzeuge werden oft als Bausatz nach Hause geliefert.

Wie werden die Flugzeuge der Zukunft aussehen?

Super-Jumbos mit mehr als 600 Plätzen sind in der Planung. Diese Maschinen mit drei Passagierdecks könnten die Probleme des überlasteten Luftraums lösen.

Welches Flugzeug fliegt ins All?

Der Spaceshuttle wird mit riesigen Raketen gestartet, die beim Eintritt ins All abgeworfen werden. Er hat eigene Raketentriebwerke zum Steuern, Beschleunigen und Abbremsen.

Welcher Jet könnte ins All vordringen?

Eines Tages könnten Flugmaschinen Passagiere im Weltraum um die Erde befördern. Eine Reise von Europa nach Amerika würde damit nur noch 30 Minuten dauern.

Richtig oder Falsch?

Der Shuttle ist ein Gleiter.

RICHTIG. Die Treibstoffzufuhr des Shuttleantriebs wird im All abgestellt. Bei der Rückkehr zur Erde gleitet er wie ein Segelflugzeug.

Der Shuttle ist mit Kacheln beklebt.

RICHTIG. Bei der Rückkehr zur Erde wird der Shuttle sehr heiß. Tausende von Hitzekacheln sollen ihn davor schützen.

Wozu wird der Shuttle eingesetzt?

und andere Fragen zur Raumfahrt

Wer feuerte die ersten Raketen ab?

Erste Feuerwerksraketen gab es vor etwa 1000 Jahren in China. Sie wurden in Gefechten eingesetzt.

Wer startete die erste moderne Rakete?

Der Amerikaner Robert Goddard im Jahre 1926. Zwar stieg seine Rakete nur knapp 12 Meter hoch, doch war sein Experiment mit flüssigem Sauerstoff das Vorbild für spätere Weiterentwicklungen.

? Warum brauchen Raumfahrzeuge Raketen?

Düsentriebwerke benötigen Sauerstoff, doch den gibt es im Weltraum nicht. Raketentriebwerke verbrennen den in flüssiger Form mittransportierten Sauerstoff und können so auf der Erde wie im All eingesetzt werden.

Träger-rakete „Ariane"

Richtig oder Falsch?

Raumfahrzeuge können aus Kanonen abgefeuert werden.

FALSCH. Anfangs versuchten Forscher, Geräte mit Kanonen ins All zu schießen, alle fielen wieder zur Erde zurück.

Die ersten Raketen flogen ins All.

FALSCH. Die ersten Raketen wurden als Kriegswaffen eingesetzt. Erst 1957 flog eine Rakete bis ins Weltall.

„Sputnik I"

Was ist ein Satellit?

So heißt jedes Objekt, das die Erde umkreist, beim Mond handelt es sich um einen natürlichen Satelliten der Erde. Der erste künstliche Satellit „Sputnik I" wurde 1957 gestartet.

Wie werden Satelliten angetrieben?

Satelliten nutzen die Sonnenenergie. Mit ihren Solarsegeln nehmen sie Licht und Wärme der Sonne auf und verwandeln sie in Elektrizität.

Wozu gibt es Satelliten?

Satelliten können das Wettergeschehen auf der Erde beobachten oder fremde Länder ausspionieren. Kommunikationssatelliten vermitteln Telefongespräche oder strahlen Fernsehprogramme aus.

Kommunikationssatellit „Telstar“

Richtig oder Falsch?

Im Weltall ist es sehr windig.

FALSCH. Im All gibt es weder Luft noch Wind. Die Flagge auf dem Mond musste mit einem Draht in fotogene Form gebracht werden.

Im Weltall ist es eiskalt.

RICHTIG. Wer aber im Sonnenlicht steht, dem wird es extrem heiß.

Wer war der erste Astronaut?

Der erste Erdling im All war kein Mensch, sondern die russische Hündin Laika. Sie umkreiste 1957 in der Raumkapsel „Sputnik 2“ sieben Tage lang die Erde. Laikas Reise bewies, dass Säugetiere im All überleben können.

Laika

Juri Gagarin

Wer war der erste Mensch im All?

Der Russe Juri Gagarin flog 1961 als erster Mensch in den Weltraum. Er umkreiste die Erde in seinem Raumschiff „Wostok 1“. Sein Flug dauerte nur 108 Minuten, bei seiner Landung wurde er wie ein Held empfangen.

Wer war der älteste Astronaut?

John Glenn umkreiste als erster Amerikaner 1962 die Erde, er war damals 41 Jahre alt. 36 Jahre später kehrte er nochmals ins All zurück, um in Experimenten zu überprüfen, ob Raumflüge für ältere Menschen gefährlicher sind.

Richtig oder Falsch?

Laika war das einzige Tier im Weltraum.

FALSCH. Auch Spinnen, Bienen, Schimpansen, Frösche, Goldfische und Quallen waren schon im All.

Man kann im All spazieren gehen.

RICHTIG. Den ersten Weltraumspaziergang unternahm, angebunden an seine Kapsel, 1965 ein russischer Kosmonaut.

Wazu dienen Raumanzüge?

Raumanzüge schützen die Astronauten vor extremer Hitze und Kälte und vor gefährlicher Strahlung. Sie versorgen die Astronauten mit Atemluft und sorgen für Druckausgleich.

Wie reparieren Astronauten Satelliten?

Sie benutzen dazu das kleinste bemannte Raumfahrzeug, die „Manned Manoeuvring Unit“ (MMU). Der an der MMU festgegurtete Astronaut steuert sie mit 24 kleinen Düsentriebwerken durchs All.

MMU im Einsatz

Warum schweben Dinge im All?

Hier auf der Erde hat dich die Schwerkraft im Griff. Weit draußen im All ist sie ohne Einfluss, und alles schwebt schwerelos umher.

Richtig oder Falsch?

Astronautenhelme sind aus Gold.

RICHTIG. Die Visiere sind dünn mit Gold überzogen, um die Augen der Astronauten vor dem starken Sonnenlicht zu schützen.

Im Weltall gibt es Müll.

RICHTIG. Tausende stillgelegte Satelliten und andere gefährliche Schrottteile schwirren um die Erde.

Warum sind Raketen so groß?

Raketen müssen sehr schnell fliegen, um die Erdanziehungskraft zu überwinden. Dafür brauchen sie gewaltige Raketentriebwerke und tausende Tonnen Treibstoff. Die „Saturn-V“-Raketen waren so hoch wie ein Hochhaus mit 25 Etagen.

Kann man Raketen wiederverwenden?

Die meisten Raketen nicht, denn sie werden nach dem Ausbrennen abgesprengt. Der Spaceshuttle nutzt zwei wiederverwendbare Raketenbooster, die an Fallschirmen zur Erde zurückkehren.

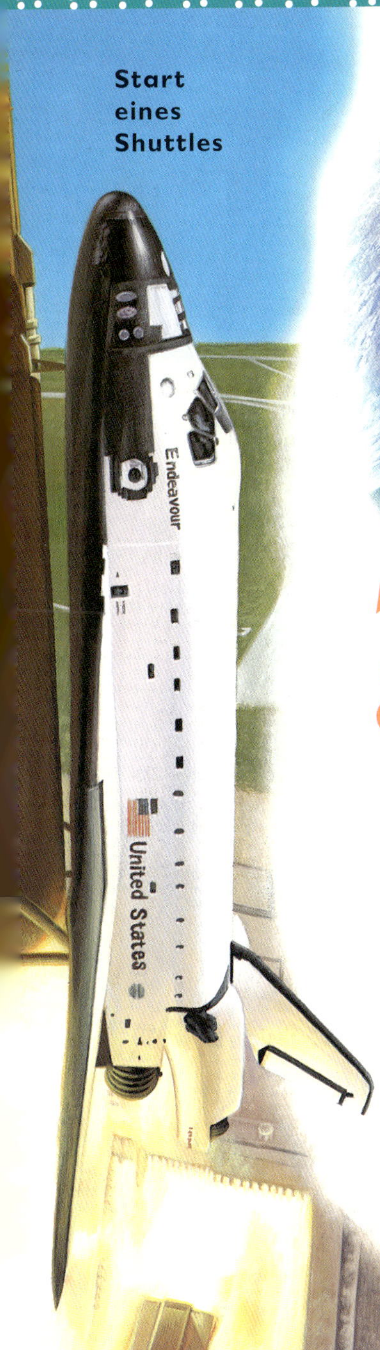

Start eines Shuttles

Bestehen Raketen aus einem Stück?

Raketen bestehen aus mehreren Abschnitten oder Stufen. Jede Stufe enthält Triebwerke und Treibstoff. Sind sie leer, werden sie nach und nach abgestoßen.

Richtig oder Falsch?

Raketen fliegen nur durchs All.

FALSCH. Das Raketenauto „Blue Flame“ brach viele Rekorde und war mit 1016 km/h so schnell wie ein Düsenjet.

Die Stufen fallen auf die Erde.

FALSCH. Die Raketenstufen erhitzen sich beim Eintritt in die Erdatmosphäre so stark, dass sie verglühen.

Wer war der erste Mensch auf dem Mond?

Der amerikanische Astronaut Neil Armstrong. Am 20. Juli 1969 entstieg er der Mondfähre „Eagle“ und erkundete zusammen mit Edwin Aldrin zweieinhalb Stunden lang die Mondoberfläche.

Mondgestein

Was nahmen Astronauten vom Mond mit?

Die Astronauten sammelten Mondgestein und Bodenproben ein. Sie fanden sogar eine unbemannte Sonde, die man zwei Jahre vorher zum Mond geschickt hatte.

Gibt es Autos auf dem Mond?

1971 benutzte ein Astronautenteam ein mitgebrachtes Geländefahrzeug. Sie konnten so entferntere Mondbereiche erkunden und eine Menge Gesteinsproben sammeln.

Richtig oder Falsch?

Ein Astronaut spielte auf dem Mond Golf.

RICHTIG. Alan Shepard schlug auf dem Mond Golfbälle ab, die wegen der geringen Schwerkraft dort hunderte von Metern weit flogen.

Die Ausrüstung blieb auf dem Mond.

RICHTIG. Die Astronauten mussten Kameras, Flaggen und sogar das Mondauto zurücklassen.

Was kann man vom Mond aus sehen?

Der Himmel über dem Mond ist immer schwarz. Die Erde erscheint sehr groß und hell, wenn sie über dem Horizont auf- oder untergeht. Man kann auch die Sonne und die Sterne sehen.

„Apollo 13“

Wer schaffte es nicht bis zum Mond?

Beim Flug zum Mond gab es an Bord des Raumschiffs „Apollo 13“ eine Explosion. Die Crew wurde zur Erde zurückbeordert. Ihr Sauerstoff reichte gerade noch für den Rückweg.

Wie lange braucht man bis zum Mond?

Unser nächster Nachbar, der Mond, ist etwa 384 000 Kilometer von der Erde entfernt. Viereinhalb Tage müssen Astronauten im Raumschiff verbringen, bevor sie den Mond erreichen.

Richtig oder Falsch?

Auf dem Mond gibt es Wasser.

FALSCH. Auf dem Mond gibt es verschiedene „Meere", doch enthalten sie kein Wasser, sondern nur Geröll und Staub.

Auch die Russen erreichten den Mond.

FALSCH. Insgesamt 12 Astronauten haben den Mond betreten, sie alle waren Amerikaner.

Kosmonauten und Astronauten in der Raumstation „Mir“

Wie isst man im Weltraum?

Astronauten nehmen Trockennahrung mit ins All, die sie dann mit Wasser zubereiten. Man muss dort vorsichtig essen, sonst schwebt einem das Essen vom Teller.

Können Menschen im All leben?

Menschen haben schon mehr als ein Jahr in der Schwerelosigkeit verbracht, doch der Aufenthalt im All kann den Körper, insbesondere Herz und Muskeln, schwächen.

Im Inneren des „Spacelab“

Was passiert mit verlassenen Raumstationen?

Stillgelegte Raumstationen verglühen irgendwann in der Erdatmosphäre. Teile des amerikanischen „Spacelab“ aber stürzten über Australien ab. Niemand kam dabei zu Schaden.

Verglühendes „Spacelab“

Richtig oder Falsch?

Astronauten müssen sich angurten.

RICHTIG. Astronauten müssen sich an ihren Betten fixieren, sonst würden sie im Schlaf herumschweben.

Astronauten werden raumkrank.

RICHTIG. So wie Seeleute seekrank, können Astronauten raumkrank werden. Erst wenn sie wieder gesund sind, dürfen sie im All spazieren „gehen“.

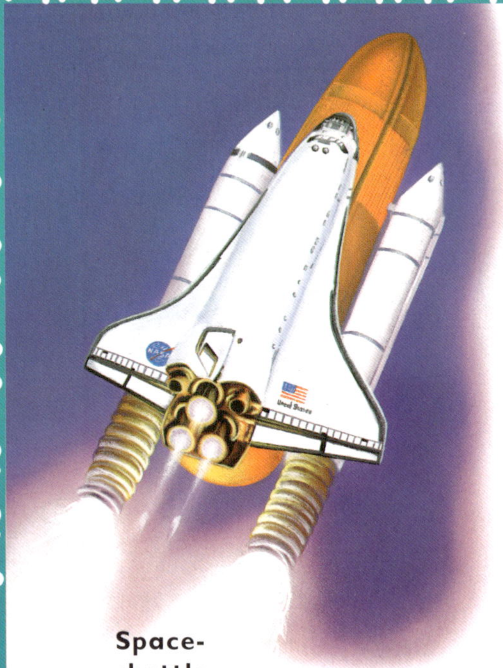

Space-shuttle

Welches Raumfahrzeug ist wiederverwendbar?

Die ersten Raumschiffe konnten nur einmal verwendet werden. Der amerikanische Spaceshuttle und der russische „Buran"-Raumgleiter sind für mehrmalige Einsätze konstruiert. Die sechs Shuttles machten schon über 100 Flüge.

Wozu wird der Shuttle eingesetzt?

Die ersten Shuttle-Missionen brachten schwere Satelliten ins All. Nach der „Challenger"-Katastrophe 1986 meinten die Wissenschaftler, es wäre sicherer, Satelliten mit unbemannten Raketen zu starten. Heute dient der Shuttle der Reparatur von Satelliten, dem Bau der Raumstation ISS und der Weltraumforschung.

Was ist ein Roboterarm?

Der Shuttle hat einen 13 Meter langen Arm, mit dem Satelliten eingefangen und dann vor Ort repariert werden können. Wie ein menschlicher Arm hat er Schulter-, Ellbogen- und Handgelenke.

Richtig oder Falsch?

Der Shuttle reist huckepack.

RICHTIG. Wenn der Shuttle innerhalb Amerikas transportiert werden muss, wird er huckepack auf einer Boeing 747 befestigt und geflogen.

Der Shuttle kann auf dem Mond landen.

FALSCH. Der Shuttle wurde für die Umkreisung der Erde konstruiert, er kann auf anderen Planeten weder landen noch starten.

Wer landete im Meer?

Alle Astronauten der ersten amerikanischen Raumfahrtmissionen gingen an Fallschirmen in ihren Kapseln im Meer nieder. Marineboote oder Hubschrauber standen in Funkkontakt mit den Astronauten, bargen sie und brachten sie sicher an Land.

Was ist ein Kontrollzentrum?

Hier sitzen Wissenschaftler und Raumfahrtexperten, die jede Mission von der Erde aus überwachen. Von dort spricht man über Funk zu den Astronauten, gibt ihnen Anweisungen und leistet Hilfe in Notfällen.

Kontrollzentrum

Wie kehren Raumfahrzeuge zur Erde zurück?

Raumfahrzeuge werden beim Eintritt in die Erdatmosphäre sehr heiß. Der Shuttle wird durch Hitzekacheln geschützt. Er landet dann wie ein normales Flugzeug auf einer Rollbahn.

Shuttle beim Rückflug zur Erde

Richtig oder Falsch?

Auch Gagarin landete in seiner Kapsel.

FALSCH. Juri Gagarin katapultierte sich aus seiner Raumkapsel und schwebte am Fallschirm zur Erde zurück.

Der Shuttle ist ein Gleitflieger.

RICHTIG. Der Shuttle gleitet in der Landephase zu Boden, denn Treibstoff hat er nicht an Bord.

Raumsonde „Pathfinder“

Wer landete mit Ballons auf dem Mars?

Die Raumsonde „Pathfinder“ landete von Ballons abgefedert auf dem Mars. Als die Ballons zusammensanken fuhr das Roboterfahrzeug „Sojourner“ langsam über sie hinweg.

Was ist eine Raumsonde?

Ein unbemanntes Raumfahrzeug, das Bilder und Daten von anderen Planeten und ihren Monden zur Erde sendet. Sonden wie „Pathfinder“ landen auf anderen Planeten. Andere fliegen möglichst dicht an entfernteren Planeten vorbei.

Raumsonde „Giotto“

Welche Sonde jagte einen Kometen?

Die Sonde „Giotto“ verfolgte den Halley'schen Kometen, als dieser 1986 die Erde passierte. Sie bestätigte die Annahme, dass der Komet ein riesiger, schmutziger Schneeball ist, der die Sonne umkreist.

Raumsonde „Voyager“

Richtig oder Falsch?

Sonden gehen im All verloren.

RICHTIG. Verschiedene Marssonden explodierten, stürzten ab oder verfehlten den Planeten.

„Pioneer“ trägt eine Botschaft.

RICHTIG. Die Sonde hat eine Plakette mit einer Sternenkarte an Bord, auf der die Erde eingezeichnet ist – sozusagen eine Karte für Außerirdische.

Gibt es ein Weltraumteleskop?

Das „Hubble"-Weltraumteleskop wurde 1990 von einem Shuttle installiert. Auf der Erde stören atmosphärische Einflüsse die Sternbeobachtung. Aus dem All liefert „Hubble" großartige Bilder.

Weltraumteleskop „Hubble"

„Eagle Nebula“

?Was sieht „Hubble“?

„Hubble“ kann tief ins Weltall schauen. Es hat Bilder vom „Eagle Nebula“, einer massiven Gaswolke, gemacht. In den Ausläufern der Wolke klumpt sich das Gas zu neuen Sternen zusammen. Die Kameras von „Hubble“ sind so hoch auflösend, dass sie eine Münze in 600 Kilometer Entfernung erkennen können.

Richtig oder Falsch?

Hubble brauchte eine Brille.

RICHTIG. „Hubble“ „sah“ zunächst nicht sehr gut. Astronauten bauten neue Linsen ein, die wie eine Brille wirken und die Sicht verbesserten.

„Hubble“ hat UFOs entdeckt.

FALSCH. „Hubble“ hat Sterne in entfernten Ecken des Universums fotografiert, aber kein Zeichen für außerirdisches Leben entdeckt.

Wie werde ich Astronaut?

Dafür musst du viele Jahre trainieren. Die Astronauten üben den Raumspaziergang auf der Erde in Wassertanks. Das vermittelt ein Gefühl der Schwerelosigkeit.

Wie sehen Raumfahrzeuge in der Zukunft aus?

Der Start eines Spaceshuttles ist sehr teuer. Amerikanische Forscher glauben, dass der Raumgleiter „VentureStar“ günstiger sein könnte. Er soll andere Raumfahrzeuge in ihre Umlaufbahn im All befördern.

„VentureStar“

Unterwassertraining

Wird es Städte im Weltall geben?

Eines Tages werden Raumschiffe dazu dienen, Städte und sogar Hotels im All zu bauen. Wenn die Internationale Raumstation ISS fertig ist, gibt es eine ständige Basis für Astronauten.

Internationale Raumstation ISS

Richtig oder Falsch?

Man kann im Weltall Urlaub machen.

RICHTIG. Zumindest gab es schon die ersten Nicht-Astronauten im Weltall, die dafür aber sehr viel Geld zu zahlen hatten.

Man kann mit Lichtgeschwindigkeit reisen.

FALSCH. Selbst wenn man es könnte, bräuchten wir vier Jahre bis zum nächsten Stern unserer Galaxie.

Raumsonde „Huygens“

Gibt es auf anderen Planeten Leben?

Wissenschaftler sind sicher, dass es auf keinem unserer Nachbarplaneten Leben gibt. Aber vielleicht auf dem Saturnmond Titan? Die Sonde „Huygens“ wird 2004 dort landen und nach Anzeichen von Leben suchen.

Werden Menschen auf anderen Planeten leben?

Roboter könnten luftdichte Gebäude auf dem Mars errichten. Darin könnten Menschen leben und Pflanzen züchten, die ihnen Luft und Wasser liefern. Allmählich wäre eine Besiedlung des gesamten Planeten möglich.

Marsstation in der Zukunft

Zukünftiges Raumfahrzeug

Werden wir jemals zu anderen Sternen reisen?

Ein auf die Reise zum nächsten Stern unserer Sonne geschicktes Raumschiff wäre über 150 000 Jahre unterwegs. Eine Reise zu den Sternen wird vielleicht nie möglich sein.

Richtig oder Falsch?

Wissenschaftler entdeckten Leben auf dem Mars.

FALSCH. Zunächst hielt man Kristalle im Inneren von Marsgestein fälschlicherweise für Fossilien.

Auf dem Mars gibt es große Vulkane.

RICHTIG. Der größte Marsvulkan ist 24 km hoch, fast dreimal so hoch wie der Mount Everest, der höchste Punkt der Erde.

Fragen und Antworten zur

Geschichte und Frühzeit

WARUM HATTEN MAMMUTS EINEN WOLLPELZ?
und andere Fragen zu prähistorischen Tieren

WELCHER SAURIER HATTE EINEN RIESENKOPF? und andere Fragen zu Dinosauriern

WER WAREN DIE ERSTEN MENSCHEN? und andere Fragen zu unseren Vorfahren

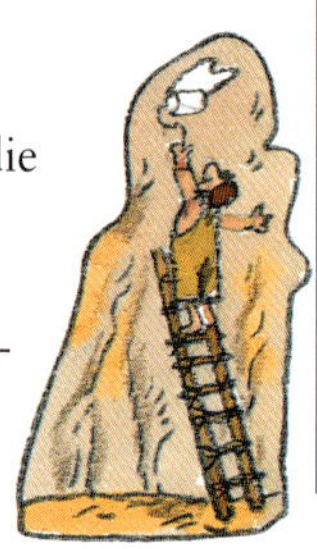

WER ERBAUTE DIE PYRAMIDEN? und andere Fragen zu frühen Zivilisationen

481 Warum spricht man von den „alten“ Ägyptern?

482 Warum wurden die Toten einbalsamiert?

483 Wie wurden Leichname konserviert?

484 Wer war Tutanchamun?

484 Schmissen die Ägypter tolle Partys?

485 Wer jagte Nilpferde?

486 Wie sahen ägyptische Häuser aus?

487 Gingen die Kinder zur Schule?

487 Was geschah mit den Ägyptern?

488 Was waren die sieben Weltwunder?

490 Wer waren die alten Griechen?

490 Hatten die Griechen Armeen?

491 Hatten sie auch Könige?

492 Was aßen die Griechen zum Frühstück?

492 Wer waren die zähesten Griechen?

493 Was lernten die Kinder in der Schule?

494 Wann gab es die ersten Olympischen Spiele?

494 Gab es Schwimmwettkämpfe?

495 Bekamen die Sieger Medaillen?

496 Warum lachten die Griechen über Frösche?

497 Waren die Griechen klug?

497 Warum nannte man Alexander den „Großen“?

498 Wann wurde Stonehenge erbaut?

499 Wer erbaute die Chinesische Mauer?

500 Welche Babys wurden von einer Wölfin aufgezogen?

501 Warum wurde Julius Cäsar erstochen?

502 Was machten römische Soldaten mit Schildkröten?

502 Wie waren römische Soldaten bewaffnet?

503 Was taten die Soldaten, wenn sie nicht kämpften?

504 Traten im Zirkus Clowns auf?

505 Wer zeigte den Gladiatoren den Daumen?

506 Warum wohnten die Römer in Hochhäusern?

506 Wann wurden Mädchen verheiratet?

507 Was geschah mit den Römern?

Warum hatten Mammuts einen Wollpelz?

und andere Fragen zu prähistorischen Tieren

Fossil

Wann begann das Leben auf der Erde?

Die ersten Lebewesen tauchten vor 3500 Millionen Jahren in den Ozeanen auf. Die Erde selbst war damals 1000 Millionen Jahre alt.

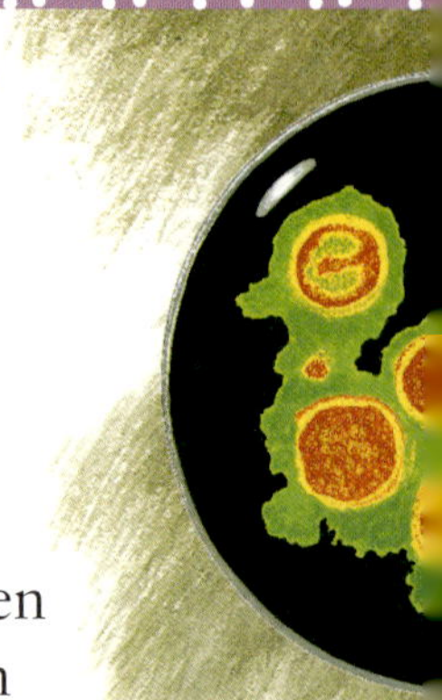

Bakterien

Woher wissen wir etwas über prähistorisches Leben?

Durch die Untersuchung von Fossilien, den versteinerten Überresten von Pflanzen und Tieren, die von Wissenschaftlern erforscht werden.

Stromatolithen

Welche Lebewesen gab es damals?

Die ersten Lebewesen waren winzig kleine Bakterien, also einzellige Mikroorganismen. Verbanden sich diese Einzeller miteinander, konnten größere Klumpen entstehen, die in flachem Wasser auch riffartige Gebilde, so genannte Stromatolithen formten.

Richtig oder Falsch?

Das Leben begann noch früher.

RICHTIG. Es könnte 4 Milliarden Jahre alt sein, doch man fand noch keine entsprechenden Fossilien.

Menschen glaubten, die Erde sei vor 6000 Jahren entstanden.

RICHTIG. 1650 sagte ein irischer Bischof, nach der Bibel sei die Erde 4004 v. Chr. erschaffen worden.

Wann entstanden die ersten größeren Lebewesen?

Nur langsam entwickelte sich das Leben auf der Erde, oder besser: im Meer. Erst vor etwa 800 Millionen Jahren entstanden die ersten Mehrzeller. Sie hatten weder Schalen noch Knochen und sahen wie Würmer oder Quallen aus.

Weichtiere auf dem Meeresgrund vor 800 Millionen Jahren

Meerestiere vor 550 Millionen Jahren

Warum bekamen Tiere Schalen?

Die ersten Schalentiere tauchten vor 550 Millionen Jahren auf. Schalen schützten Weichtiere vor den Angriffen ihrer Feinde. Der Anomalocaris war mit etwa 60 Zentimetern Länge eines der größten und hungrigsten frühen Lebewesen.

Richtig oder Falsch?

Einige dieser Geschöpfe waren länger als dein Arm.

RICHTIG. Einige waren einen Meter lang.

Diese Tiere hatten keine Beine.

FALSCH. Mit den Schalentieren tauchten auch die ersten Tiere mit Beinen auf. Hallucigenia hatte stelzenartige Beine und Stacheln auf dem Rücken.

Sacabambaspis

Drepanaspis

Wie sahen die ersten Fische aus?

Vor 500 Millionen Jahren entwickelten sich die frühesten Fische. Es waren die ersten Tiere mit einem Rückgrat, sie hatten noch keine Flossen und sahen wie Kaulquappen aus. Fische mit Kiefern und Zähnen gab es erst einige Millionen Jahre später.

Welcher Fisch war so groß wie ein Auto?

Der Dunkleosteus war eine Killermaschine von über drei Metern Länge. Panzerartige Knochenplatten schützten seinen Kopf. Sein Rachen war mit rasiermesserscharfen Knochenzähen besetzt.

Dunkleosteus

Stethacanthus

Wie sahen die ersten Haie aus?

Stoppelig und sonderbar. Der Stethacanthus war am ganzen Körper mit rauen, zahnartigen Stoppeln überzogen, ebenso wie eine T-förmige Flosse auf seinem Rücken.

Richtig oder Falsch?

Alle Haie haben Knochen.

FALSCH. Das Haiskelett besteht nicht aus Knochen, sondern aus zähem, elastischem Knorpelmaterial.

Stethocanthus war größer als Dunkleosteus.

FALSCH. Der Stethacanthus erreichte mit gut 60 cm nur ein Fünftel der Länge des Monsters Dunkleosteus.

Was waren die ersten Landtiere?

Die ersten verbürgten Landbewohner waren kleine Spinnen, Tausendfüßer und Insekten. Vor 300 Millionen Jahren gab es Libellen von der Größe eines Papierdrachens und Tausendfüßer von drei Metern Länge.

Wie sahen die ersten Vierbeiner aus?

Wirbeltiere zu Lande wie das Ichthyostega entwickelten sich vor etwa 370 Millionen Jahren aus Fischen, deren Flossen sich allmählich in Beine verwandelten. Sie konnten über wie auch unter Wasser atmen.

Warum blieben die ersten Landtiere in Wassernähe?

Ichthyostega und Acanthostega waren Vorfahren der Amphibien. Ihre gallertartigen Eier legten sie im Wasser ab, wo die Jungtiere als Kiemenatmer aufwuchsen. Ausgewachsene Exemplare bildeten Lungen aus und verließen das Wasser, blieben aber in dessen Nähe, weil sie ihre Haut feucht halten mussten.

Acanthostega

Richtig oder Falsch?

Zuerst erorberten Tiere das Land.

FALSCH. Am Anfang waren die Farne. Die Cooksonia tauchte vor 420 Millionen Jahren auf und bildete bereits Wurzeln und Stiele.

Insekten waren die ersten fliegenden Tiere.

RICHTIG. Ein Beispiel sind Riesenlibellen wie die Meganeura.

Wann verließen die Tiere endgültig das Wasser?

Die vor 300 Millionen Jahren entstandenen Reptilien konnten auch abseits von Gewässern leben, denn ihre Haut war trocken und schuppig, und ihre Eier wurden durch eine ledrige Haut vor dem Austrocknen geschützt. Zu ihnen zählte der eidechsenartige Hylonomus.

Hylonomus

Dimetrodon

Wer trug ein Rückensegel?

Bestimmte Reptilien trugen ein Rückensegel. Als Kaltblüter waren sie auf die Sonne angewiesen, um ihre Körpertemperatur zu regulieren. Forscher glauben, dass die segelartigen Rückenflossen wie Sonnenkollektoren wirkten. Das Dimetrodon war übrigens mit drei Metern vom Kopf bis zur Schwanzspitze so lang wie ein Auto.

Richtig oder Falsch?

Alle Ur-Reptilien waren kleine Tiere.

FALSCH. Der Pflanzenfresser Pareiasaurus war etwa so groß wie eine Kuh.

Das Rückensegel diente auch zum Abkühlen.

RICHTIG. Forscher meinen, dass das Segel Wärme aufnehmen und abstrahlen konnte.

Ab wann gab es Dinosaurier?

Dinosaurier erschienen vor etwa 225 Millionen Jahren auf der Bildfläche, von der sie erst 160 Millionen Jahre später wieder verschwinden sollten.

Stagonolepis

Deinosuchus

Von wem stammen die Krokodile ab?

Eine gute Frage, denn die heute lebenden Exemplare gleichen den Ur-Reptilien, von denen sie tatsächlich abstammen. Forscher glauben, dass der urzeitliche Deinosuchus mit 15 Metern dreimal so lang war wie die derzeit größten Krokodile.

Was war das Besondere an den Ur-Reptilien?

Frühe Vertreter wie der Chasmatosaurus liefen auf vier Beinen, doch allmählich richteten sie sich auf und begannen auf den Hinterbeinen zu gehen. Der den aufrecht gehenden Reptilien folgende Entwicklungsschritt waren die Dinosaurier.

Richtig oder Falsch?

Alle Reptilien waren Landtiere.

FALSCH. Obwohl sich Reptilien an das Leben an Land angepasst hatten, kehrten einige ins Wasser zurück.

Schlangen gab es lange vor den Dinosauriern.

FALSCH. Schlangen entwickelten sich vor etwa 20 Millionen Jahren, lange nach dem Aussterben der Dinos.

Wer beherrschte die Luft?

Gleichzeitig mit dem Auftauchen der Dinosaurier entwickelten einige Reptilien Flügel. Diese Flugreptilien heißen Pterosaurier, ihre Flügel bestanden aus Hautlappen.

Was fraßen die Pterosaurier?

Einige Flugsaurier fingen Insekten, andere tauchten im Meer nach Fischen. Der Pterodaustro filterte vermutlich mit Borsten in seinem Unterkiefer kleine Meerestiere aus dem Wasser, wie man es von Flamingos kennt. Der Dsungaripterus nutzte vielleicht seine gebogene Schnabelspitze, um Muscheln von Felsen zu lösen.

Welcher Pterosaurus war so groß wie ein Hängegleiter?

Der allergrößte Flugsaurier war der Quetzalcoatlus. Forscher schätzen, dass seine Flügelspannweite 12 Meter betrug – kein Tier hatte je gewaltigere Flügel.

Richtig oder Falsch?

Pterosaurier hatten Federn.

FALSCH. Sie hatten meist behaarte Körper und Hautflügel wie unsere Fledermäuse.

Auch heute gibt es fliegende Reptilien.

RICHTIG. Eine Eidechsenart segelt mithilfe von Hautlappen. Solche Gleitechsen gab es schon in der Vorzeit.

Welches waren die größten Meeresbewohner?

Einige Reptilien erhoben sich in die Lüfte, andere zog es zurück in die Ozeane. Die größten unter diesen waren die Meeresschildkröten, die Ichtyosaurier und die langhalsigen Plesiosaurier.

Welche Schildkröte war größer als ein Ruderboot?

Ein Archelon wurde über 3 Meter lang. Vermutlich ernährte es sich von Quallen, die es in riesigen Mengen verschlang.

Welcher Plesiosaurier hatte den längsten Hals?

Hätte es zu Zeiten des Elasmosaurus schon Menschen gegeben, hätten sich sieben Schwimmer bequem auf seinen Rücken legen können und vier weitere auf seinen acht Meter langen Hals.

Richtig oder Falsch?

Die Plesiosaurier starben mit den Dinosauriern aus.

RICHTIG. Auch die großen Meeresreptilien starben vor 65 Millionen Jahren aus, ebenso die Pterosaurier.

Plesiosaurier atmeten unter Wasser.

FALSCH. Alle Meeresreptilien mussten zum Atmen auftauchen.

Was kam nach den Dinosauriern?

Nach dem Aussterben der Dinosaurier vor 65 Millionen Jahren begann sich eine andere Gruppe von Tieren auszubreiten, die Säugetiere. Nur sie tragen ein Fell, nur Säuge-Jungtiere werden mit Muttermilch ernährt. Die Säugetiere entwickelten sich vor etwa 220 Millionen Jahren aus den Reptilien. Eines der ersten, das Megazostrodon, war kaum größer als eine Maus.

Zalambdalestes

Megazostrodon

Legten die Ur-Säugetiere Eier?

Anfangs schon. Erst später brachten weiterentwickelte Säuger dann lebende Junge zur Welt. Es gibt auch heute noch Eier legende Säugetiere wie das berühmte australische Schnabeltier.

Richtig oder Falsch?

Säugetiere sind Warmblüter.

RICHTIG. Anders als Amphibien oder Fische können sie ihre Körpertemperatur regulieren.

Kängurus sind Säugetiere.

RICHTIG. Auch wenn der Nachwuchs außerhalb des Körpers, nämlich im Beutel der Mutter heranwächst. Beuteltiere gibt es seit 100 Millionen Jahren.

Welches waren die ersten fliegenden Säugetiere?

Fledermäuse sind die einzigen Säugetiere, die wirklich fliegen können. Eine Vorläufer-Art, der Icaronycteris, lebte bereits vor 54 Millionen Jahren.

Welches war der größte Vogel?

Der Dinornis war der gewaltigste Vogel, der je lebte. Mit drei Metern Höhe war er größer als ein Kamel. Er gehörte zur Gruppe der neuseeländischen Moa-Laufvögel, die vor etwa 200 Jahren ausgestorben sind.

Wie sahen die ersten Wale aus?

Wale, Delfine und Robben sind Säugetiere, die sich an das Leben im Wasser angepasst haben. Der älteste bekannte Wal, der Pakicetus, entwickelte sich etwa gleichzeitig mit den Fledermäusen und glich mehr einem Seehund als einem modernen Wal.

Pakicetus

Richtig oder Falsch?

Einige Säuger können gleiten.

RICHTIG. Planetetherium war ein Säugetier der Vorzeit, das segeln konnte.

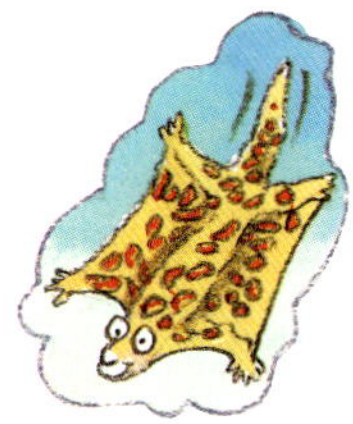

Dinornis war der erste Vogel.

FALSCH. Dinornis erschien vor etwa 2 Millionen Jahren, der älteste bekannte Vogel, der Archäopteryx, lebte schon vor 150 Millionen Jahren.

Wie sahen Säbelzahntiger aus?

Die beiden gewaltigen, säbelartigen Fangzähne machten den Smilodon zur gefährlichsten Raubkatze, die je lebte. Er konnte sein Maul weit aufreißen und die Säbelzähne in sein Opfer schlagen.

Welche Tiere attackierten Säbelzahntiger?

Rudel von Wölfen waren mutig genug, Säbelzahntiger anzugreifen. Forscher fanden fossile Knochen beider Tierarten mit jeweils gegnerischen Zahnspuren. Beide Tierarten lebten bis vor etwa 25 000 Jahren.

Wölfe

Wie groß waren die ersten Bären?

Das Agriotherium lebte vor etwa 5 Millionen Jahren. Es war mit knapp zwei Metern so groß wie ein Grizzlybär.

Agriotherium

Richtig oder Falsch?

Hunde tauchten vor 40 Millionen Jahren auf.

RICHTIG. Doch die ersten Hunde wie das Phlaocyon glichen mehr einem Waschbär als unseren heutigen Hunden.

Katzen entstanden vor 4 Millionen Jahren.

FALSCH. Katzen gibt es schon seit 35 Millionen Jahren.

Was war das größte Landsäugetier aller Zeiten?

Indricotherium

Das Indricotherium wog so viel wie vier Elefanten und war eineinhalbmal so groß wie eine heutige Giraffe. Obwohl es wie eine Kreuzung der beiden aussah, war es ein frühes Nashorn.

Was war das hässlichste Säugetier?

Viele prähistorische Lebewesen erscheinen uns im Vergleich zu modernen Tieren reichlich seltsam. Der Eobasileus sah mit seinem klobigen, höckerigen Schädel besonders gewöhnungsbedürftig aus.

Eobasileus

Welcher Hirsch hatte ein riesiges Geweih?

Das Geweih des Megaloceros übertraf mit einer Spannweite von fast vier Metern sogar seine Körperlänge.

Richtig oder Falsch?

Einige frühe Säugetiere lebten auf Bäumen.

RICHTIG. Und zwar die so genannten Primaten. Aus ihnen sollten sich Affen, Menschenaffen und Menschen entwickeln.

In der Urzeit gab es Riesenbiber.

RICHTIG. Castoroides waren so groß wie Bären.

Wie groß waren die ersten Pferde?

Das erste bekannte Pferd, das Hyracotherium, hatte Zehen statt Hufe und war nur 20 Zentimeter groß. Es entwickelte sich vor etwa 50 Millionen Jahren und lebte in Wäldern, wo es sich gut vor Raubtieren verstecken konnte. Moderne Pferde gibt es erst seit etwa 5 Millionen Jahren.

Und wie groß waren die ersten Elefanten?

Vor 40 Millionen Jahren waren sie noch sehr klein. Das Moeritherium erreichte nur eine Körpergröße von 60 Zentimetern. Danach gab es alle möglichen seltsamen Varianten, bis vor etwa 5 Millionen Jahren die heutigen Elefanten entstanden.

Moeritherium

Deinotherium

Platybelodon

Anancus

Richtig oder Falsch?

Elefanten waren die einzigen Tiere mit einem Rüssel.

FALSCH. Das Macrauchenia wirkte wie eine Kreuzung aus Kamel, Rhinozeros und Elefant.

Pferde wurden damals von Vögeln angegriffen.

RICHTIG. Pferde mussten sich vor dem Laufvogel Diatryma hüten, der zehnmal größer war als sie.

Warum hatten Mammuts einen Wollpelz?

Nur solch ein Pelz konnte das Mammut warm halten. Mammuts brauchten diesen Kälteschutz, denn sie lebten während der Eiszeit. Damals war es so kalt, dass sich Eis und Schnee vom Nordpol weit über Europa und Nordamerika ausbreiteten.

Mammut

Warum starben die Mammuts aus?

Die letzte Eiszeit ging vor etwa 12 000 Jahren zu Ende, als das Wetter wieder wärmer wurde. Damals starben viele Tiere aus, darunter Mammuts und Nashörner mit langer Behaarung. Forscher glauben, dass sie zum einen nicht mit der Wärme zurechtkamen, zum anderen wurden sie von einer neuen Säugetierart gejagt – nämlich dem Menschen.

Richtig oder Falsch?

Forscher haben tiefgefrorene Mammuts gefunden.

RICHTIG. 1977 entdeckten sie sogar den Körper eines Mammutbabys im gefrorenen Boden Sibiriens. Es war 40 000 Jahre alt.

Alle Mammuts waren groß.

FALSCH. Auf einer Insel im Nordpolarmeer lebten Minimammuts. Sie starben vor 6000 Jahren aus.

Welcher Saurier hatte einen Riesen-kopf?

und andere Fragen zu Dinosauriern

Wie groß waren die größten Dinosaurier?

Ein Brachiosaurus maß vom Kopf bis zum Schwanz 22 Meter und wog über 30 Tonnen. Dieser Saurier war so lang wie ein Tennisplatz und schwerer als fünf Elefanten. Er hätte über ein vierstöckiges Haus hinwegschauen können.

Wie groß waren die kleinsten Dinosaurier?

Einige Dinos waren „winzig“. Der Compsognathus erreichte nur einen Meter Länge und war nicht größer als ein Truthahn.

Compsognathus

Richtig oder Falsch?

Der Brachiosaurus war der Größte.

FALSCH. Andere waren noch größer, der Argentinosaurus könnte doppelt so groß gewesen sein.

Waren Dinosaurier die schwersten Tiere überhaupt?

FALSCH. Der Blauwal ist mit 130 Tonnen das schwerste Tier.

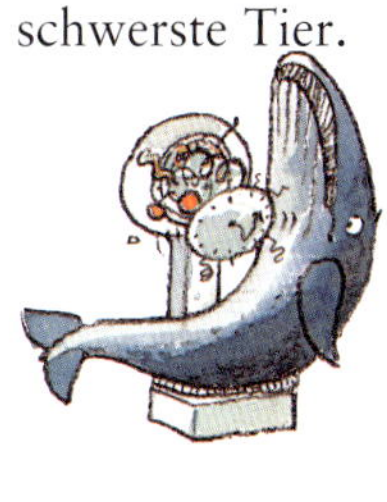

Wie viele Dinosaurierarten gab es?

Saurier lebten während Millionen von Jahren, und es entwickelten sich ganz unterschiedliche Arten. Die Forscher haben etwa 800 Dinosaurier benannt, doch man glaubt, dass es doppelt so viele Arten gab.

Wann lebten die Dinosaurier?

Die ersten Dinos tauchten vor etwa 225 Millionen Jahren auf der Erde auf. Der Herrerasaurus, ein Fleischfresser, war einer der ersten. Er lebte im Gebiet des heutigen Argentinien.

Zu welcher Tierklasse gehörten sie?

Dinosaurier waren Reptilien, unterschieden sich aber von anderen Reptilien wie Echsen, Krokodilen und Schildkröten. Die Beine der Dinosaurier zeigen vom Körper direkt nach unten, während die Beine der anderen Reptilien vom Körper abstehen.

Richtig oder Falsch?

Dinosaurier konnten fliegen.

FALSCH. Sie waren Landbewohner. Im Meer und in der Luft herrschten andere Tiere.

Dinosaurierbabys schlüpften aus Eiern.

RICHTIG. Wie andere Reptilien auch legten die Dinos Eier.

Woher stammt unser Wissen über die Saurier?

Niemand weiß genau, wie die Saurier aussahen, denn sie starben vor etwa 65 Millionen Jahren plötzlich aus. Wie Detektive setzen die Forscher kleine Informationsteile zusammen. Ihr wichtigster Anhaltspunkt sind Fossilien, die versteinerten Überreste von vor langer Zeit gestorbenen Lebewesen.

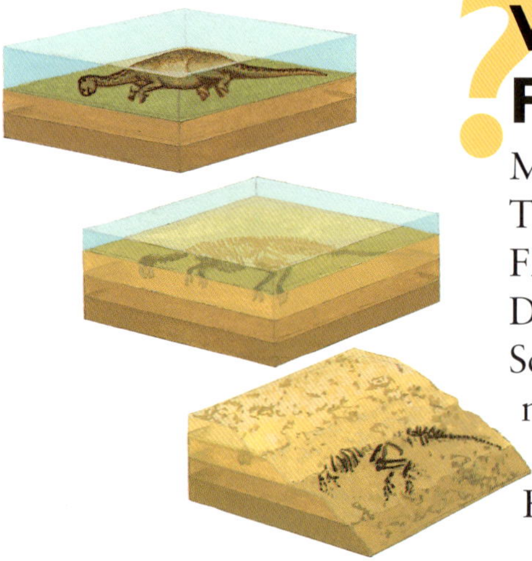

Wie entstehen Fossilien?

Manchmal sank ein totes Tier auf den Grund eines Flusses, Sees oder Meeres. Dort wurde es von Sand oder Schlamm bedeckt, die in Millionen von Jahren zu Stein wurden und dabei die Tierknochen in Fossilien verwandelten.

Welche Dinosaurierfossilien finden die Forscher?

Die meisten Dinosaurierfossilien entstanden aus festen Körperteilen wie Knochen oder Zähnen. Manchmal finden die Forscher auch versteinerte Eier, Kothaufen oder Steine mit Haut- oder Fußabdrücken.

Richtig oder Falsch?

Nur Tiere können zu Fossilien werden.

FALSCH. Auch Bäume oder Pflanzen können versteinern.

Kinder können Fossilien finden.

RICHTIG. Eine der ersten Fossiliensucherin war Mary Anning, die mit zwölf ihren ersten großen Fund machte.

Was fraßen die Dinosaurier?

Die meisten Dinos fraßen Pflanzen. Doch es gab auch viele grausame Fleischfresser, die alles verschlangen, was sie fangen konnten – andere Dinos eingeschlossen.

Warum sind die Forscher von Saurierkot begeistert?

Ein Glück, dass Fossilien nicht riechen, denn die Forscher untersuchen versteinerte Saurierkothaufen, um deren Speiseplan zu studieren.

Fraßen die Saurier Gras?

Nein, auch die Pflanzen fressenden Saurier fraßen kein Gras, denn Graspflanzen tauchten erst lange nach ihrem Aussterben auf. Sie verspeisten vor allem Farne und frühe Baumarten wie Kiefern oder palmartige Cycadeen.

Richtig oder Falsch?

Dinosaurier fraßen Blumen.

RICHTIG. Die ersten Blumen blühten vor etwa 135 Millionen Jahren, die späteren Dinos können sie also gefressen haben.

Einige Saurier waren Kannibalen.

RICHTIG. Forscher fanden einen versteinerten Coelophysis, der seine Jungen verspeist hatte.

Wer war der König der Dinosaurier?

Rex bedeutet „König“ und Tyrannosaurus „Tyrannenechse“ (nach dem mächtigen, grausam herrschenden Tyrann). Die Forscher nannten ihn Tyrannosaurus Rex, weil sie ihn für so groß und bösartig hielten, dass er über alle anderen Tiere herrschen und sie nach Belieben verschlingen konnte. Er war mit über 12 Metern so groß wie ein Bus.

Giganotosaurus

Wer war der größte Fleischfresser?

Forscher halten den Giganotosaurus, das bedeutet „Südliche Riesenechse“, für noch gewaltiger als den Tyrannosaurus.

Welche Farbe hatte der Tyrannosaurus?

Noch kein Fossil gab einen Hinweis auf die Färbung der Dinosaurier. Die Forscher denken, dass einige leuchtend bunt waren, andere sich dagegen der Farbe ihrer Umgebung anpassten – ganz wie heutige Tiere auch.

Richtig oder Falsch?

Der Tyrannosaurus war so schnell wie ein Auto.

FALSCH. Kein Saurier war so schnell, aber der T-Rex konnte bestimmt schneller laufen als du.

Der Tyrannosaurus hinterließ große Kothaufen.

RICHTIG. Man fand einen versteinerten Kothaufen so groß wie ein Brotlaib, der vielleicht vom Tyrannosaurus stammt.

Welcher Dinosaurier fing Fische?

Der etwa 10 Meter lange Baryonyx war ein großer Saurier mit einem krokodilartigen Maul. Die Forscher glauben, dass er Fische fraß, die er mit seinem Maul oder den Klauen schnappte, wie es auch die Grizzlybären tun.

Welcher Saurier trug ein Segel auf dem Rücken?

Keiner weiß genau, wofür der segelartige Auswuchs auf dem Rücken des Spinosaurus gut war. Vielleicht diente er als Signal für andere Saurier, oder er half dem Spinosaurus, seine Körpertemperatur zu regulieren.

Spinosaurus

Wer war der größte Fischfresser?

Der Suchomimus war mindestens einen Meter länger als sein Vetter Baryonyx und erreichte vielleicht sogar die 12 Meter des Tyrannosaurus.

Richtig oder Falsch?

Der Spinosaurus wurde im 2. Weltkrieg zerstört.

RICHTIG. Seine Fossilien fielen einem Bombenangriff zum Opfer.

Der Suchomimus war größer als der Spinosaurus.

FALSCH. Man glaubt, dass der Spinosaurus 17 Meter lang werden konnte.

Welcher Saurier hatte einen langen, kräftigen Zehennagel?

In dem Film „Jurassic Park“ von 1993 war der Velociraptor einer der gruseligsten Saurier. Er hatte nicht nur scharfe Zähne und brutale Klauen, am furchtbarsten war die riesige Kralle an jedem seiner Füße. Beim Angriff konnte der Velociraptor sie nach vorne klappen und seine Beute aufschlitzen.

Velociraptoren

Sind die Saurier-modelle lebensecht?

Die Modelle aus „Jurassic Park“ waren sehr realistisch, aber manchmal etwas größer als in Wirklichkeit. Ein Velociraptor sah mehr wie sein Vetter Deinonychus aus. Mit drei Metern Länge war er doppelt so groß wie ein Velociraptor. Ein anderer Vetter, der Utahraptor, war zweimal so groß wie der Deinonychus.

Richtig oder Falsch?

Der Velociraptor und seine Vettern jagten in Rudeln.

RICHTIG. So konnten sie auch viel größere Dinosaurier töten.

Nur diese Dinosaurier jagten im Rudel.

FALSCH. Auch andere Fleisch fressende Dinos wie der Coelophysis gingen in Gruppen auf die Jagd.

Welche Saurier knallten mit einer Peitsche?

Die riesigen Pflanzenfresser hatten nicht nur lange Hälse, einige hatten auch extrem lange Schwänze. Apatosaurus, Barosaurus und Diplodocus konnten damit vielleicht wie mit einer Peitsche knallen, um durch das extrem laute Geräusch Feinde zu vertreiben.

Warum fraßen manche Saurier Steine?

Diplodocus und andere Saurier konnten ihre zähe Pflanzennahrung nicht ausreichend zerkauen. Um die Nährstoffe zu erschließen, schluckten sie Steine, die in ihrem Magen aneinander rieben und die Pflanzen zerkleinerten.

War Diplodocus eigentlich intelligent?

Im Verhältnis zu seinem riesigen Körper war das Gehirn winzig. Die Forscher vermuten deshalb, dass er zu den dümmeren Sauriern gehörte.

Richtig oder Falsch?

Diplodocus war sehr gefräßig.

RICHTIG. Bei dieser Größe musste er fast permanent fressen, um am Leben zu bleiben.

Tyrannosaurus Rex war der intelligenteste Dinosaurier.

FALSCH. Er war sicher lange nicht so clever wie ein Velociraptor.

Welche Dinosaurier hatten Entenschnäbel?

Parasaurolophus, Corythosaurus und Lambeosaurus gehörten zu einer Gruppe Pflanzen fressender Saurier, die wegen ihres flachen, zahnlosen Mauls Entenschnabelsaurier genannt wurden. Beim Angriff von Raubtieren rannten sie auf den Hinterbeinen davon und flüchteten vermutlich ins Wasser.

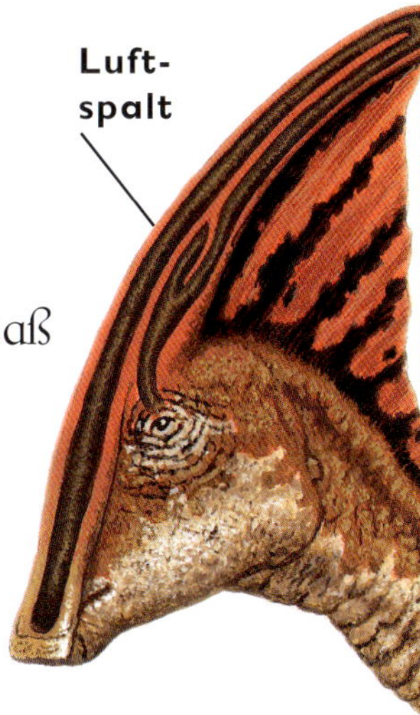

Wer blies Trompete?

Der Parasaurolophus besaß einen seltsam geformten, hohlen Schädelknochen, durch den er wie mit einer Trompete tuten konnten. Wissenschaftler haben einen Knochen rekonstruiert und erzeugten damit ein tiefes Dröhnen.

Wer war die Helmechse?

Corythosaurus bedeutet „Helmechse“, obwohl der Schädelkamm dieses Sauriers mehr einer Servierplatte als einem Helm ähnelt. Die Wissenschaftler vermuten, dass der Entenschnabelsaurier damit Geschlechtspartner anziehen wollte.

Richtig oder Falsch?

Dinosaurier konnten unter Wasser atmen.

FALSCH. Man dachte, dass manche Schädelknochen wie ein Schnorchel funktionierten – bis man entdeckte, dass sie gar keine Luftlöcher an der Oberseite hatten.

Entenschnabelsaurier hatten keine Zähne.

FALSCH. Ihre Zähne saßen im Rachen hinter ihrem Schnabel.

Waren Dinosaurier gute Eltern?

Maiasaurus heißt „Gute Mutterechse". Die Forscher nannten den Saurier so, weil sie ihn neben einem Nest mit seinen Jungen fanden. Vermutlich kümmerten sich auch andere Saurier um ihren Nachwuchs, fütterten und beschützten ihn.

Welcher Saurier legte die größten Eier?

Einige der größten bis heute entdeckten Eier gehören dem Hypselosaurus. Sie sind etwa 30 Zentimeter lang und haben fast die Größe eines Rugbyballs.

Welcher Dinosaurier war ein Eierräuber?

Oviraptor bedeutet „Eierräuber“, weil er bei einem Nest gefunden wurde. Vermutlich wollte er die Eier stehlen, als er starb. Später entdeckte man aber auch einen versteinerten Oviraptor, der bei der Verteidigung des eigenen Geleges getötet worden war.

Richtig oder Falsch?

Die ersten Saurier-eier wurden um 1800 entdeckt.

FALSCH. Die ersten Eier wurden um 1920 gefunden. Sie gehörten zu einem Protoceratops.

Dinosaurier nisteten in Bäumen.

FALSCH. Sie bauten ihre Nester am Boden. Manche waren einfache Gruben, andere aufgeschüttete Erdhügel.

Warum hatte der Triceratops Hörner?

Der Triceratops glich einem riesigen Nashorn, war so schwer wie ein Elefant und so lang wie ein LKW. Trotz seines Furcht erregenden Aussehens war der Triceratops ein Pflanzenfresser. Seine Hörner benutzte er vermutlich dazu, Fleisch fressende Feinde wie Tyrannosaurus Rex oder Velociraptoren zu vertreiben.

Triceratops

Pachycephalosaurus

Wer teilte Kopfstöße aus?

Weil der Schädel des Pachycephalosaurus so dick und fest war, vermutet man, dass er wie ein Schutzhelm wirkte. Diese Saurier versetzten sich im Kampf gegenseitig Kopfstöße.

Pentaceratops

Welcher Saurier hatte einen Riesenkopf?

Der Kopf des Triceratops war fast zwei Meter lang, aber sein Vetter Pentaceratops brachte es auf drei Meter. Groß genug, um ein Auto darauf zu parken.

Richtig oder Falsch?

Der Triceratops schärfte seine Zähne.

RICHTIG. Beim Kauen rieben seine Zähne aneinander, die dadurch geschärft wurden.

Dinosaurier lebten nur in kleinen Gruppen.

FALSCH. Einige, auch der Triceratops, lebten in großen Herden mit dutzenden von Tieren zusammen.

Warum waren einige Saurier wie Panzer gebaut?

Die dicke Haut einiger Pflanzenfresser wie der Sauropelta waren mit Stacheln und Höckern aus Knochen besetzt. Diese Panzerung bot ihnen Schutz vor Fleischfressern.

Stegosaurus

Welcher Saurier spießte seine Gegner auf?

Der Stegosaurus hatte gewaltige Stacheln am Schwanz, die genauso gefährlich waren wie die Hörner des Triceratops.

Welcher Saurier teilte harte Schläge aus?

Der Euoplocephalus hatte eine mit Knochen besetzte Schwanzspitze, mit der er seinem Gegner heftige Keulenschläge versetzen konnte.

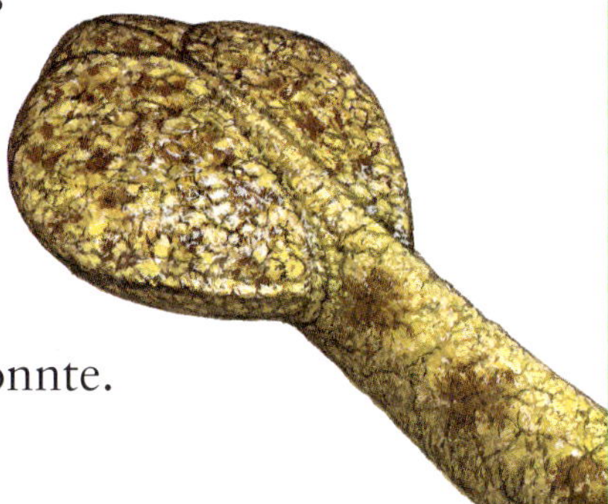

Richtig oder Falsch?

In Australien lebten Saurier.

RICHTIG. Man fand heraus, dass auf allen Kontinenten, auch in Australien und der Antarktis Dinosaurier gelebt haben.

Dinos balancierten mit Hilfe ihres Schwanzes.

RICHTIG. Durch den weit nach hinten abgestreckten Schwanz behielt der rennende Saurier das Gleichgewicht.

Wie schnell konnten Saurier rennen?

Wissenschaftler glauben, dass Dinosaurier wie Gallimimus und Struthiomimus genauso schnell wie ein Strauß waren. Strauße, die größten heute lebenden Vögel, können nicht fliegen. Dank ihrer langen, kräftigen Beine können sie aber mit über 60 km/h dahinrasen.

Struthiomimus

Archäopteryx

Versteinerter Archäopteryx

Wer war der Urvogel?

Der Archäopteryx war ein geflügeltes Wesen, das vor mehr als 145 Millionen Jahren lebte. Viele Wissenschaftler denken, dass die Vögel von den Dinosauriern abstammen, und dass der Archäopteryx eine Übergangsform zwischen Saurier und Vogel war.

Richtig oder Falsch?

In der Epoche der Saurier lebten auch Strauße.

FALSCH. Strauße entwickelten sich erst lange nach dem Zeitalter der Dinosaurier.

Archäopteryx ist der einzige entdeckte Urvogel.

FALSCH. Ein weiterer Urvogel namens Caudipteryx wurde 1998 identifiziert.

Was passierte mit den Dinosauriern?

Viele Forscher glauben, dass vor 65 Millionen Jahren ein gewaltiger Felsbrocken aus dem Weltall auf die Erde prallte. Wie bei einer Explosion wurden riesige Staubwolken aufgewirbelt, die die Sonne verdunkelten und die Erde in frostiger Dunkelheit versinken ließen. Ohne Sonnenlicht konnten die Pflanzen nicht mehr wachsen, und so starben zunächst die riesigen Pflanzenfresser an Hunger und Auskühlung, dann verhungerten auch die Fleischfresser.

Leben heute noch Saurier?

Kein einziger Dinosaurier überlebte diese Katastrophe, wohl aber einige Vögel. Wenn die Forscher Recht haben und die Vögel von den Sauriern abstammen, dann leben zumindest deren Verwandte noch heute.

Richtig oder Falsch?

Der Felsbrocken aus dem All war so groß wie eine Stadt.

RICHTIG. Man vermutet seinen Durchmesser bei mindestens 10 km.

Die Forscher meinen zu wissen, wo der Fels einschlug.

RICHTIG. Der riesige Chicxulub-Krater im Golf von Mexiko entstand vor etwa 65 Millionen Jahren.

Wer waren die ersten Men-schen?

und andere Fragen zu unseren Vorfahren

Wer waren die ersten Menschen?

Die wissenschaftliche Bezeichnung für Menschen wie du und ich ist „Homo sapiens“. Unsere Vorfahren, die ersten modernen Menschen, tauchten vor etwa 180 000 Jahren auf. Die Fachleute glauben, dass auch wir uns wie alle anderen Geschöpfe sehr langsam über Millionen von Jahren aus frühen Tierformen entwickelt haben.

Lucy Homo erectus Homo sapiens

Wer war Lucy?

Eines der ersten menschenähnlichen Geschöpfe war der Australopithecus, der sich vor 4,5 Millionen Jahren entwickelte. Das 1974 gefundene Skelett eines Australopithecus bekam den Spitznamen Lucy.

Richtig oder Falsch?

Menschliches Leben entstand in Afrika.

RICHTIG. Der Australopithecus entwickelte sich in Afrika.

Lucy wurde nach einem Popsong benannt.

Richtig. Sie wurde nach „Lucy in the sky with diamonds“ von den Beatles benannt.

Was war die Steinzeit?

Vor über 2,5 Millionen Jahren hob irgendein Schlaukopf einen Stein auf und fertigte ein Steinwerkzeug daraus. Wenn Fachleute von der Steinzeit sprechen, meinen sie den langen Zeitraum von der Schaffung der ersten Steinwerkzeuge bis vor etwa 5000 Jahren, als Bronzewerkzeuge aufkamen.

Wofür wurden die ersten Werkzeuge gebraucht?

Der Homo erectus schlug aus den Steinen Faustkeile, mit denen er Tiere enthäutete und ihr Fleisch zerteilte.

Wann wurden Waffen erfunden?

Die frühesten Waffen waren angespitzte Holzstangen, die vermutlich vor mehr als 400 000 Jahren vom Homo erectus als Jagdspeere verwendet wurden.

Richtig oder Falsch?

Alle Werkzeuge der Steinzeit waren aus Stein.

FALSCH. In der späteren Steinzeit verwendete man auch Knochen, Geweihe und Elfenbein.

Faustkeile hatten keine Griffe.

RICHTIG. Erst seit etwa 10 000 Jahren kennt man Werkzeuge mit Holzgriffen.

Warum gingen die Steinzeitmenschen auf Wanderschaft?

Obwohl die ersten menschenähnlichen Geschöpfe vor 1,8 Millionen Jahren zunächst im Osten und Süden Afrikas lebten, begann der Homo erectus bald, andere Länder zu erkunden. Einige zogen nach Südostasien und vor 700 000 Jahren lebten die ersten Menschen in Europa.

Homo erectus auf der Wanderschaft

Wer waren die ersten Amerikaner?

Vorfahren des modernen Menschen kamen vor 15 000 Jahren nach Nordamerika. Sie konnten über die damals bestehende Landbrücke Beringia von Nordasien nach Alaska wandern.

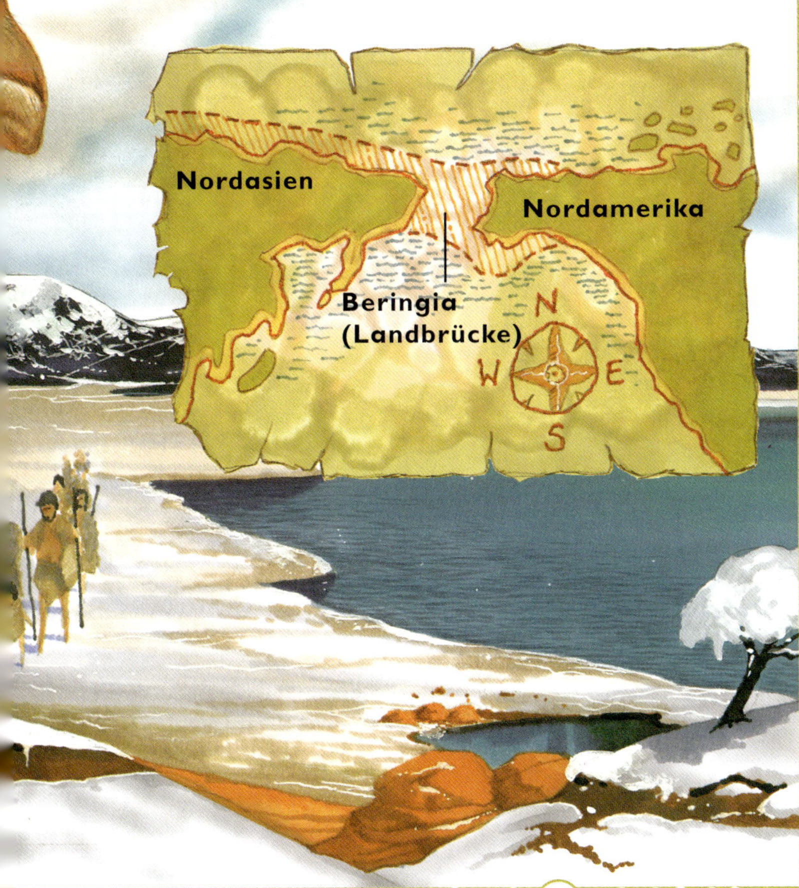

Richtig oder Falsch?

Steinzeitmenschen lebten in Australien.

RICHTIG. Sie lebten dort vor etwa 50 000 Jahren.

Steinzeitmenschen reisten nur zu Fuß.

FALSCH. Wir wissen nicht, wann die ersten Boote gebaut wurden, aber für die Reise nach Australien waren sie erforderlich.

Wer entzündete das erste Feuer?

Fachleute glauben, dass sich der Homo erectus vor etwa 1,6 Millionen Jahren erstmals an einem wärmenden Lagerfeuer niederließ.

Familienleben des Homo erectus

Weshalb war Feuer so nützlich?

Als der Homo erectus das sonnige Afrika verließ, kam er in kältere Klimazonen, und das Feuer lieferte ihm Wärme. Die Steinzeitmenschen brieten ihre Nahrung über dem Feuer und härteten die Spitzen der Holzspeere in den Flammen.

Wie machte man in der Steinzeit Feuer?

Die ersten Feuer wurden vielleicht mit Flammen aus von Blitzen ausgelösten Buschbränden entzündet. Später rieben die Menschen trockene Holzstäbe aneinander oder schlugen aus Steinen Funken.

Richtig oder Falsch?

Der Homo erectus trug als erster Kleidung.

RICHTIG. Kleider wärmen – damals wie heute.

Feuer schützte die Menschen der Steinzeit vor Gefahren.

RICHTIG. Mit einem brennenden Ast konnte man gefährliche Tiere zuverlässig vertreiben.

Neandertaler

Wer waren die Neandertaler?

Die Neandertaler waren frühe Menschen, die sich einige Tausend Jahre vor unseren direkten Vorfahren entwickelten.

Neandertalermann

Waren Neandertaler dumm?

Früher dachten das die Experten, doch sie haben ihre Meinung geändert. Die Neandertaler sahen anders aus als unsere Vorfahren: Sie waren stämmiger, hatten anders geformte Schädel, waren aber offenbar genauso intelligent.

Neandertaler bei der Mammutjagd

Wie jagten die Neandertaler mit Feuer?

Neandertaler lebten während der Eiszeiten, als große Teile Europas und Nordamerikas von Eis und Schnee bedeckt waren. Weil Mammuts so groß waren, mussten sich die Neandertaler eine clevere Jagdmethode einfallen lassen. Mit brennenden Ästen hetzten sie die Tiere über Klippen in den Tod.

Richtig oder Falsch?

Auch heute gibt es noch Neandertaler.

FALSCH. Niemand weiß warum, doch vor etwa 30 000 Jahren starben sie aus.

Neandertaler erreichten Nordamerika.

FALSCH. Sie starben aus, bevor die ersten Menschen dorthin wanderten.

Welche Tiere jagten die Menschen noch?

Die Jäger der Steinzeit jagten allem nach, was sie bekommen konnten: vom Mammut und Nashorn bis zu Rentier- und Bisonherden. Am Meer lebende Menschen fingen Robben und Fische, während die ersten Australier Riesenkängurus erlegten.

Wie kochte man damals?

Mit dem Gebrauch des Feuers erfanden die Steinzeitmenschen auch bald Spieße zum Braten ihres Essens. Vermutlich steckte man das Fleisch auf einen spitzen Ast, der dann auf Astgabeln über das Feuer gelegt wurde.

Hatte man auch Kochtöpfe?

Erst in der späten Steinzeit vor etwa 11 000 Jahren begann man, Töpfe aus Ton zu machen.

Richtig oder Falsch?

Steinzeitmenschen aßen Früchte.

RICHTIG. Sie sammelten alle Arten von Blättern, Wurzeln, Beeren und Nüssen.

Steinzeitmenschen aßen Schokolade.

FALSCH. Man kannte noch keinen Zucker, aber vielleicht klaute man den Bienen ihren süßen Honig.

Lebten die Steinzeitmenschen in Höhlen?

Ja, wenn sie in der Nähe von Gebirgen und Felsen lebten und ausreichend große Höhlen vorfanden. Die Menschen lebten damals in aus mehreren Familien bestehenden Gruppen von etwa 25 Mitgliedern zusammen.

Wozu waren Mammuts nützlich?

Die Menschen, die nicht in Höhlen wohnten, bauten sich eigene Unterstände. Einige waren kuppelförmige Hütten aus Knochen und Stoßzähnen von Mammuts.

Mammuthütte

Errichteten die Steinzeitmenschen Dörfer?

Erst vor etwa 10 000 Jahren. Davor zogen die Menschen meist auf der Suche nach Nahrung als Jäger und Sammler umher.

Richtig oder Falsch?

Steinzeitmenschen bauten auch Tipis.

RICHTIG. Einige errichteten tipiartige Zelte aus Stangen und darüber gelegten Tierhäuten.

Alle Steinzeithütten waren sehr klein.

FALSCH. In der späten Steinzeit baute man auch Hütten groß wie ein Tennisplatz.

Höhlenmalerei

Wer waren die ersten Künstler?

Irgendwann vor etwa 30 000 Jahren begannen unsere Vorfahren, Bilder an Decken und Wände der Höhlen zu malen und zu ritzen. Meist stellen die Zeichnungen Jagdtiere dar, vom angreifenden Bison bis zu davonspringenden Rehen.

Welche Farben benutzten sie?

Die Höhlenmaler benutzten für Gelb, Rot und Braun die Erdfarbe Ocker. Kalk oder Kreidesteine lieferten das Weiß, verkohlte Zweige das Schwarz. Sie tupften die Farbe mit den Fingern oder mit aus Tierfell und Stöckchen gefertigten Pinseln auf. Manchmal sprühten sie die Farbe durch hohle Tierknochen auf die Wände.

Wer waren die ersten Musikanten?

Das älteste Musikinstrument ist eine Pfeife, die vor mehr als 60 000 Jahren aus einem Knochen geschnitzt wurde.

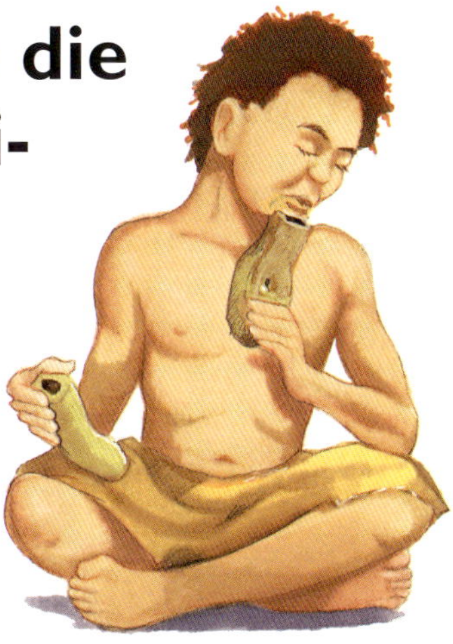

Steinzeit-Musikant

Richtig oder Falsch?

Höhlenmaler benutzten Leitern.

RICHTIG. Sie müssen auf irgendetwas geklettert sein, um an der Decke malen zu können.

Höhlenmalereien waren steinzeitliche Tapeten.

FALSCH. Bilder dienten nicht der Verzierung. Wahrscheinlich nutzte man die Höhlen für magische oder religiöse Rituale.

Waren die Steinzeitmenschen religiös?

Damals muss alles Unerklärliche und Mächtige den Menschen wie eine Gottheit erschienen sein – von Sonne, Mond und Sternen über Wind, Feuer und Wasser bis hin zu den Tieren.

Gab es auch Priester?

Wir wissen es nicht genau, aber einige Skulpturen und Höhlenmalereien zeigen mysteriöse Wesen, halb Mensch, halb Tier. Vielleicht sind es Priester, die sich für bestimmte Zeremonien als Tiere verkleideten.

Religiöse Zeremonie

Gab es damals Ärzte?

Keine Ärzte wie bei uns, aber man versuchte sich an Operationen. Man fand 8000 Jahre alte Schädel mit Löchern. Vielleicht dachten die Steinzeitmediziner, dass Krankheiten durch böse Geister verursacht würden, und machten kleine Löcher, um sie herauszulassen.

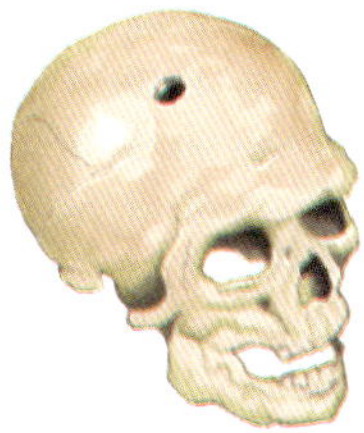

Schädel aus der Steinzeit

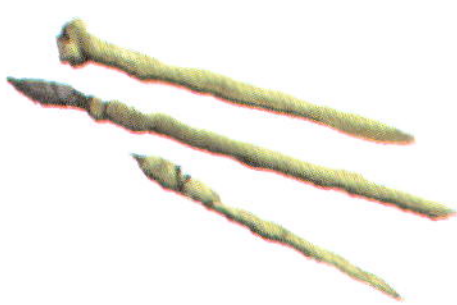

Medizinische Instrumente

Richtig oder Falsch?

Steinzeitmenschen glaubten möglicherweise an einen Himmel.

RICHTIG. Die Menschen der Spätsteinzeit begruben ihre Toten mit allen Dingen, die im Jenseits nützlich sein könnten.

Sie schluckten Pillen gegen Krankheiten.

FALSCH. Aber sie wussten vermutlich, wie man mit Pflanzen einen verdorbenen Magen heilen konnte.

Homo-sapiens-Kinder

Woher wissen wir, wie die Kleidung aussah?

Man glaubt, dass die ersten Kleidungsstücke aus Tierfell gemacht wurden, denn es wurden Werkzeuge zum Säubern der Häute gefunden. Webstühle wurden erst vor etwa 7000 Jahren erfunden. Kleidungsstücke sind nicht erhalten, denn anders als Steinwerkzeuge und Knochen verrottet Leder sehr schnell. Einige der frühesten Kleider stammen aus Gräbern in Russland, in denen Menschen vor 25 000 Jahren beerdigt wurden.

Herstellung von Kleidern

Wer war Ötzi?

1991 hat man im Gletschereis der Alpen einen tiefgefrorenen, mumifizierten Mann mit seinen Kleidern, Waffen und sogar einem Rucksack entdeckt. Man nannte die Gletschermumie „Ötzi“ nach ihrem Fundort im Ötztal. Die Mumie ist eine der ältesten, die man je gefunden hat. Bei seinem Tod vor 5300 Jahren trug Ötzi einen Kittel, Schuhe aus Leder und einen gewebten Grasumhang.

So könnte „Ötzi“ zu Lebzeiten ausgesehen haben.

Richtig oder Falsch?

Steinzeitmenschen trugen Wollpullover.

FALSCH. Erst vor etwa 3000 Jahren begannen die Menschen, Kleider zu stricken.

Steinzeitmenschen erfanden die Nähnadel.

RICHTIG. Bereits vor 25 000 Jahren benutzten die damaligen Menschen Nähnadeln. Sie waren aus Knochen gemacht.

Halsband aus der Steinzeit

Trugen die Menschen Schmuck?

Als die ersten Höhlenmalereien entstanden, trugen die Menschen schon prächtigen Schmuck. Polierte Steine, Muscheln, Elfenbein und Tierzähne wurden zu Arm-, Hals- und Stirnbändern verarbeitet.

Hatte man damals Glücksbringer?

Man hat wunderschöne kleine Tierschnitzereien gefunden, die die Menschen vielleicht als Glücksbringer bei sich trugen.

Geschnitzte Tiere dienten zum Spielen oder als Talisman.

Schnitt man sich damals die Haare?

Wahrscheinlich schon, aber nicht mit einer Schere, denn die wurde erst viel später erfunden. Ein 25 000 Jahre altes Elfenbeinbild zeigt eine schöne Frau, deren Haar offensichtlich zu einem Pony geschnitten wurde.

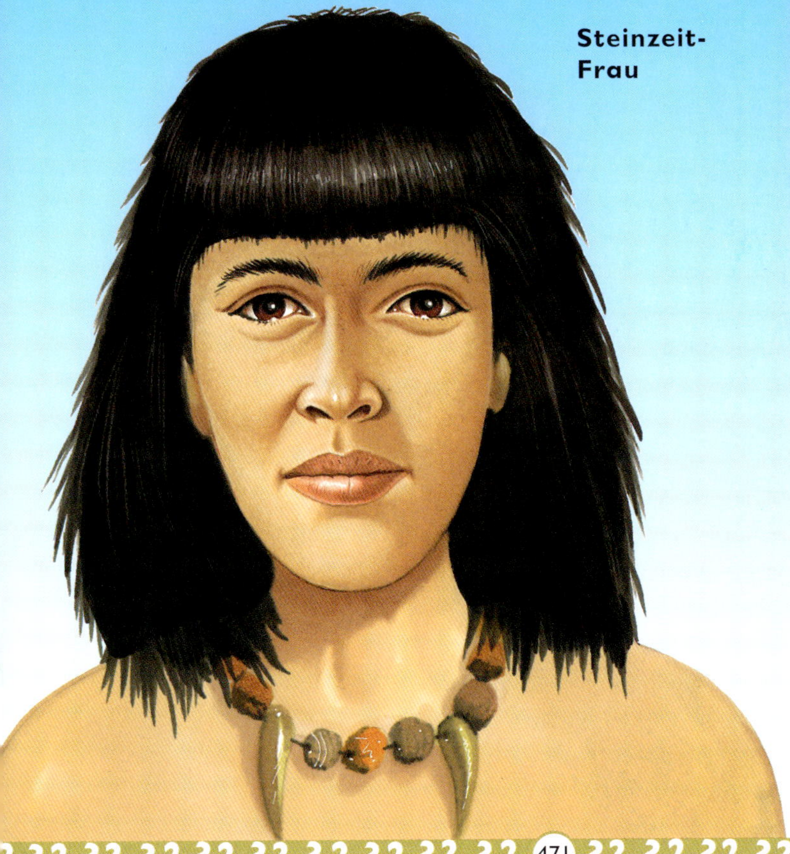

Steinzeit-Frau

Richtig oder Falsch?

Männer trugen damals Armbänder.

RICHTIG. Man hat Skelette von Männern gefunden, die bei ihrer Beerdigung Armbänder aus Mammutzähnen trugen.

Es gab schon Goldschmuck.

FALSCH. Vor 6000 Jahren trug man Kupferarmreife. Goldschmuck gab es erst 1000 Jahre danach.

Wer waren die ersten Bauern?

Vor 10 000 Jahren wurden Menschen im Nahen Osten sesshaft. Anstatt als Jäger und Sammler umherzuziehen, kultivierten sie ihr eigenes Getreide aus wilden Samen und errichteten Dörfer, in denen sie dauerhaft leben konnten. Später wurden auch Tiere gehalten – die Landwirtschaft begann.

Hielt man auch Rinder?

Zuerst hielt man Ziegen und Schafe, etwas später wurden auch Schweine und Rinder gezüchtet.

Gab es Haustiere?

Seit langem ist der Hund der beste Freund des Menschen. Seine Vorfahren waren wilde Wölfe, die die Menschen schon einige hundert Jahre vor dem Sesshaftwerden als Helfer bei der Jagd gezähmt hatten.

Richtig oder Falsch?

Die Kühe wurden damals gemolken.

FALSCH. Zunächst hielt man die Tiere nur wegen des Fleischs, Ziegen waren lange vor den Kühen die Milchlieferanten.

In Südamerika hielt man Meerschweinchen.

RICHTIG. Man hielt auch Truthähne und Lamas und baute Mais und Süßkartoffeln an.

Jericho

Wann wurden die ersten Städte gebaut?

An manchen Orten waren die Bauern so erfolgreich, dass ihre Dörfer zu Städten heranwuchsen. Die älteste bekannte Stadt ist Jericho im Nahen Osten. Vor 9000 Jahren war sie bereits von hohen Mauern und einem tiefen Graben umgeben.

Wie groß waren sie?

Jericho beherbergte mindestens 2000 Menschen, etwa dreimal so viele lebten vor 7000 Jahren in Çatalhöyük in der Türkei. Anders als Jericho mit seinen bienenstockartigen Häusern war Çatalhöyük ein Labyrinth aus Lehmziegel-Würfeln mit Türen im oberen Stockwerk.

Çatalhöyük

Richtig oder Falsch?

Teile Jerichos stehen noch immer.

RICHTIG. Es gibt einen runden Steinturm, an dessen lehmverputzten Wänden noch die Fingerabdrücke der Stuckateure zu sehen sind.

Alle Stadtbewohner waren Bauern.

FALSCH. Es gab alle möglichen Handwerker wie beispielsweise Perlenmacher oder Metzger.

Wann wurden die ersten Großstädte gebaut?

Die ersten Großstädte entstanden vor etwa 5000 Jahren zum Ende der Steinzeit. Sie wurden von den Sumerern im Nahen Osten gegründet und waren so groß, dass sie zehntausenden Menschen Platz boten.

Wie sahen sie aus?

Im Zentrum einer sumerischen Stadt wie Ur standen mächtige, Zikkurat genannte Tempel. Drumherum erstreckten sich winklige Gassen mit Häusern, Läden und Gasthäusern.

Was war so besonders an den Sumerern?

Sumerische Schrifttafel

Die Sumerer waren große Erfinder, und eine ihrer besten Ideen war die erste richtige Schrift. Es ist sehr schwer, das Leben der Steinzeitmenschen Stück für Stück zu rekonstruieren, weil es nichts Geschriebenes darüber gibt. Mit den Sumerern beginnt die aufschlussreiche Überlieferung von Geschichten, Liebesgedichten und Einkaufszetteln.

Richtig oder Falsch?

Die Sumerer trugen Hosen.

FALSCH. Männer wie Frauen trugen Kleider und Make-up.

Die Sumerer kannten Brettspiele.

RICHTIG. Man fand ein sumerisches Spielbrett mit Schublade für die Spielsteine.

Wer erbaute die Pyramiden?

und andere Fragen zu frühen Zivilisationen

Wer erbaute die Pyramiden?

Die Pyramiden wurden von den alten Ägyptern als Grabstätten ihrer Könige, der Pharaonen, und für andere wichtige Persönlichkeiten errichtet. Die Cheopspyramide von Giseh war bei ihrer Fertigstellung mit über 146 Metern fast so hoch wie der Kölner Dom.

Warum bauten die Pharaonen Pyramiden?

Wir wissen, dass die alten Ägypter an ein Leben nach dem Tod und eine Reise ins Jenseits glaubten. Die geneigten Flanken der Pyramiden könnten als Startrampen für einen Aufstieg der Pharaonen in den Himmel gedacht gewesen sein.

Warum spricht man von den „alten“ Ägyptern?

Wir nennen sie „alt“, weil sie vor langer Zeit lebten. Die Cheopspyramide wurde 2550 v. Chr. vollendet.

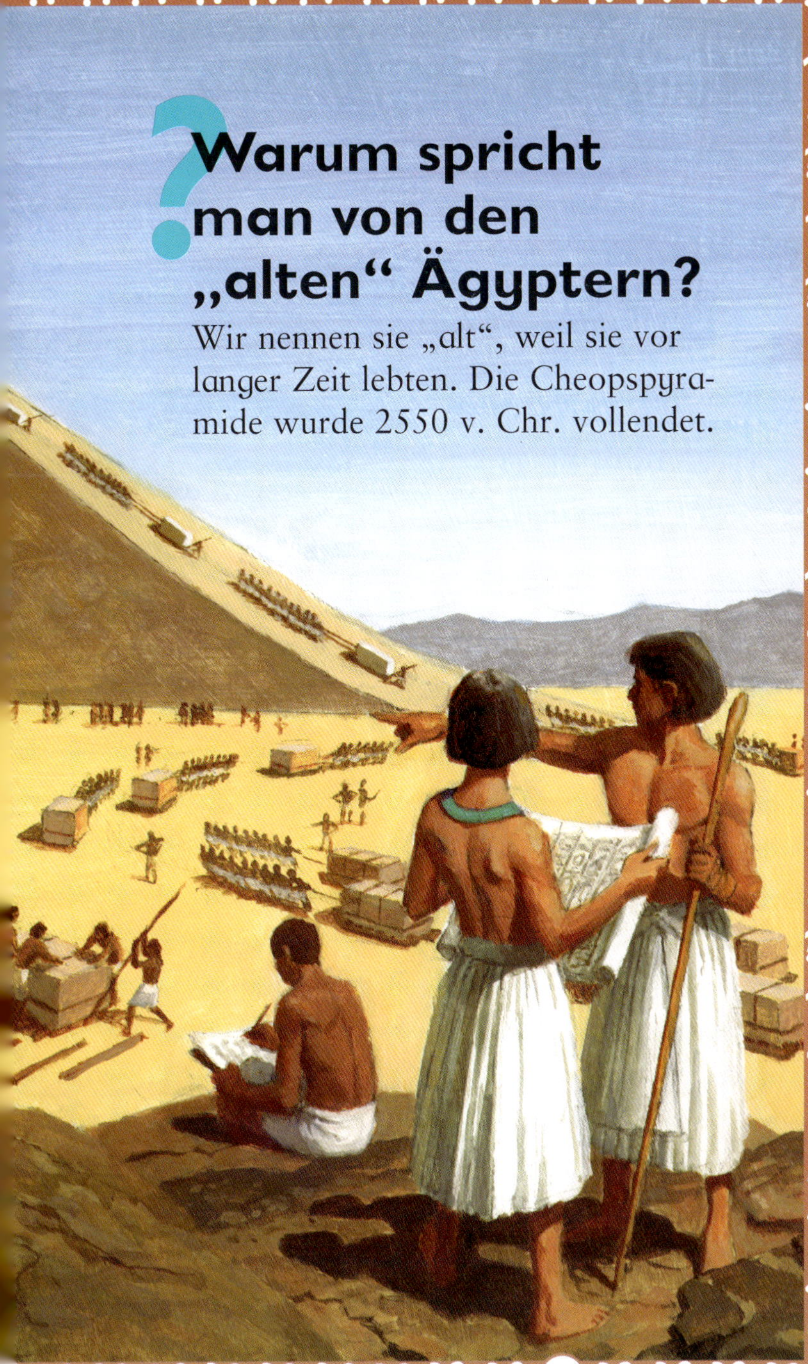

Richtig oder Falsch?

Die Pyramiden hatten Geheimeingänge.

RICHTIG. So wollte man Räuber abhalten. Aber es half nichts, alle der mehr als 80 Pyramiden wurden ausgeraubt.

Die Ägypter verehrten einen einzigen Gott.

FALSCH. Es gab tausende, und manche Gemälde zeigen Götter mit Tierköpfen.

Warum wurden die Toten einbalsamiert?

Die Ägypter glaubten, ihre Seelen bräuchten echte Körper für das Leben im Jenseits. Man entwickelte Methoden, um das Verwesen der Verstorbenen zu verhindern. Diese einbalsamierten Körper nennen wir Mumien. Jede bedeutende Persönlichkeit wurde mumifiziert.

Mumifizierung

Wie wurden Leichname konserviert?

Zunächst entfernte man Gehirn, Lunge, Herz, Magen, Gedärme und Leber. Dann wurde der Leichnam gewaschen und zum Austrocknen für 40 Tage in Natronsalz gelegt. Danach wurde er mit speziellen Ölen eingerieben. Zum Schluss umwickelte man den Körper sorgfältig mit Leinenbinden, bevor er in mehrere ineinander gesetzte Särge kam.

Richtig oder Falsch?

Mumien hatten kein Gehirn.

RICHTIG. Das Gehirn wurde entfernt. Das Herz legte man zurück in den Körper, und die anderen Eingeweide kamen in besondere Steinkrüge.

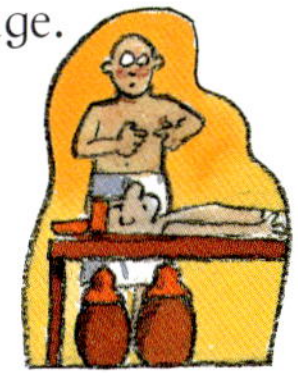

Nur Menschen wurden mumifiziert.

FALSCH. Heilige Tiere wie Kobras, Krokodile, Katzen und sogar Mistkäfer wurden einbalsamiert.

Wer war Tutanchamun?

Tutanchamun war bei seinem Tod gerade 17 Jahre alt, doch er wurde zum bekanntesten Pharao Ägyptens. Berühmt wurde er durch die Schätze, die ihm ins Grab gelegt wurden, darunter eine wunderbare Maske und ein Sarg aus massivem Gold.

Goldmaske Tutanchamuns

Schmissen die Ägypter tolle Partys?

Pharaonen und reiche Ägypter veranstalteten rauschende Feste, wo man Rind- und Antilopenfleisch aß und edle Weine trank. Musikanten, Sänger, Tänzer, Akrobaten und Zauberer sorgten für Unterhaltung.

Altägyptisches Fest

Gazellenjagd

Wer jagte Nilpferde?

Reiche ägyptische Männer liebten es, auf den Nil hinauszufahren, um Nilpferde und Krokodile zu jagen. Ein anderer beliebter Sport war die Hetzjagd mit dem Streitwagen auf Löwen, Gazellen und Strauße.

Richtig oder Falsch?

Alle Ägypter aßen Fleisch.

FALSCH. Die armen Leute ernährten sich vorwiegend von Brot, Gemüse, Trockenfisch – und Bier.

Ägypter trugen Perücken.

RICHTIG. Pharaonen und Reiche taten es, sie benutzten auch Parfüm, Lippenstift und Augen-Make-up.

Wie sahen ägyptische Häuser aus?

Ägyptisches Haus

Ägypten ist ein heißes Land in dem es nur selten regnet, deshalb brauchten die Häuser auch keine spitzen Dächer. Die Ziegel wurden aus mit Stroh und Schilf vermischtem Flussschlamm geformt. Die Häuser der einfachen Leute waren klein, die der Reichen hatten viele Räume und einen Innenhof.

Griechische Soldaten

Ägyptische Soldaten

Gingen die Kinder zur Schule?

Die Jungen aus reichen Familien gingen zur Schule, wo sie Lesen und Schreiben lernten. Die Ägypter verwendeten eine Schrift aus 700 Bildsymbolen, den Hieroglyphen.

Ägyptische Kinder

Was geschah mit den Ägyptern?

Obwohl das alte Ägypten einst die mächtigste Nation der Welt gewesen war, verlor es um 1000 v. Chr. an Bedeutung. Im Jahre 332 v. Chr. eroberten die Griechen Ägypten und machten es zu einem Teil ihres Imperiums.

Richtig oder Falsch?

Jungen gingen bis 18 zur Schule.

FALSCH. Die Schule begann für sie mit fünf und endete mit zwölf Jahren.

Ägyptische Kinder spielten mit Murmeln.

RICHTIG. Außerdem mit Bällen, Kreiseln und aus Holz gefertigten Löwen und Pferden.

Sklaven mussten von Hand die Hängenden Gärten von Babylon bewässern, denn Wasserschläuche waren noch nicht erfunden.

Der Koloss von Rhodos war eine riesige Bronzestatue des Sonnengottes Helios. Er war etwa so groß wie heute die Freiheitsstatue in New York.

Was waren die sieben Weltwunder?

Die sieben Weltwunder waren die touristischen Hauptattraktionen der Antike. Heute stehen nur noch die ägyptischen Pyramiden.

Die Pyramiden von Giseh waren das älteste, höchste und größte der sieben Weltwunder.

Die Statue des Zeus aus Gold und Elfenbein in Olympia war sechsmal höher als ein Mensch.

Der Leuchtturm von Pharos ragte über 120 m in die Höhe. Das Feuer in seiner Spitze war weit draußen auf hoher See zu sehen.

Der Tempel der Artemis in Ephesos gehörte zu den größten Tempeln der antiken Welt.

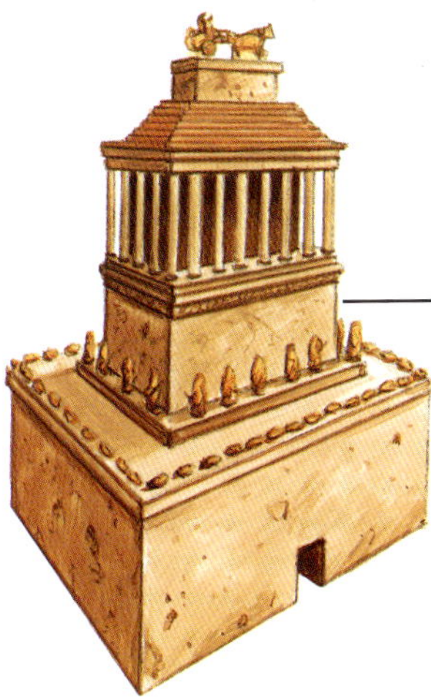

Nach den Pyramiden war das Mausoleum in Halikarnassos das berühmteste Grabmal der Antike.

Richtig oder Falsch?

Die meisten Weltwunder waren von den alten Griechen entworfen worden.

RICHTIG. Nur nicht die Pyramiden und die Hängenden Gärten.

Den ersten Zoo der Welt gab es in Alexandria.

RICHTIG. Es gab dort einen Leoparden, eine Python, eine Giraffe und einen Eisbären.

Wer waren die alten Griechen?

Um 700 v. Chr. setzte sich die griechische Welt aus vielen einzelnen Stadtstaaten zusammen, die jeweils aus einer Stadt und ihrem Umland bestanden. Die mächtigsten Stadtstaaten waren Athen und Sparta.

Hatten die Griechen Armeen?

Natürlich, denn die Städte waren streitlustig und führten oft Kriege. Aber nur Sparta hatte ein stehendes Heer. Die anderen Stadtstaaten riefen ihre Bürger bei Kriegsausbruch zu den Waffen.

Krieger aus Athen

Hatten sie auch Könige?

Zunächst wurden die Stadtstaaten von Königen oder einer kleinen Gruppe reicher Männer regiert. Aber eine der berühmtesten Erfindungen der Griechen ist die Volksherrschaft. Demokratie, die Teilhabe aller an der politischen Macht im Lande, wurde erstmals 508 v. Chr. in Athen praktiziert.

Abstimmung in Athen

Krieger aus Sparta

Richtig oder Falsch?

Athener Frauen durften mitbestimmen.

FALSCH. Nur freie Männer über 17 Jahre konnten das, Frauen und Sklaven hatten kein Wahlrecht.

Die Stadtstaaten hatten eigene Flotten.

RICHTIG. Griechische Kriegsschiffe hatten einen gefährlichen Metallsporn am Bug, um gegnerische Schiffe zu rammen.

Was aßen die Griechen zum Frühstück?

Zum Frühstück gab es einen Brei aus Gerste, der mit einigen Feigen angereichert wurde. Mittags aß man meist Brot und Ziegenkäse, abends vielleicht eine saftige Taube oder ein Huhn und frische Früchte zum Nachtisch.

Wer waren die zähesten Griechen?

Die Spartaner waren wirklich zähe Burschen. Anstatt in eine gewöhnliche Schule zu gehen, wurden die Knaben mit sieben Jahren ihren Müttern weggenommen und in militärische Ausbildungslager gesteckt. Zur Abhärtung ließ man sie frieren, hungern und barfuß laufen.

Ausbildungs-lager in Sparta

Was lernten die Kinder in der Schule?

Nur die griechischen Jungen gingen zur Schule, die Mädchen blieben zuhause und erlernten die Haushaltsführung. Zu den Schulfächern gehörten Lesen, Schreiben, Rechnen, Musik, Sport und Rhetorik. Man ging von 6 bis 7 Jahren bis zum Alter von 18 bis 20 zur Schule.

Richtig oder Falsch?

Griechische Babys hatten Töpfchen.

RICHTIG. Griechische Töpfchen waren aus Ton, nicht aus Plastik.

Mädchen aus Sparta waren faul.

FALSCH. Mädchen lernten Rennen, Springen und Ringen, um sich auf das Kinderkriegen vorzubereiten.

Wann gab es die ersten Olympischen Spiele?

Die erste Olympiade fand 776 v. Chr. zu Ehren des Göttervaters Zeus statt. Man feierte sie alle vier Jahre, und tausende von Athleten kamen aus ganz Griechenland, um daran teilzunehmen.

Gab es Schwimmwettkämpfe?

Nein, die griechische Olympiade bestand aus den Disziplinen Laufen, Boxen, Ringen, Speer- und Diskuswerfen, Weitspringen, Pferde- und Wagenrennen.

Bekamen die Sieger Medaillen?

Nein, bei den Spielen erhielten die Sieger nur kleine Preise wie einen Lorbeerkranz oder einen Krug Olivenöl. Zuhause bei ihrer Ankunft wurden sie dann wie Superstars gefeiert und mit Geschenken überschüttet.

Olympiasieger

Richtig oder Falsch?

Griechische Athleten mogelten nie.

FALSCH. Einige schon. Wurden sie erwischt, mussten sie eine Statue errichten lassen.

Frauen waren von den Spielen ausgeschlossen.

RICHTIG. Sie veranstalteten eigene Spiele zu Ehren von Hera, der Gattin des Zeus.

Warum lachten die Griechen über Frösche?

Eins der großen Erfolgsstücke des antiken griechischen Theaters hieß „Die Frösche" des Dichters Aristophanes. Die Griechen waren die ersten, die Theater bauten und Stücke aufführten. In den Freilichttheatern spielten nur Männer, die mit bunten Masken den dargestellten Charakter deutlich machten.

Philosophen

Griechisches Theater

Waren die Griechen klug?

Die Griechen waren große Denker. Sie entwickelten die Philosophie, die Kunst des Nachdenkens über wichtige Fragen wie etwa den Sinn des Lebens. Ihre bedeutendsten Philosophen waren Sokrates, Platon und Aristoteles.

Warum nannte man Alexander den „Großen“?

Alexander der Große war ein brillanter Feldherr, der um 300 v. Chr. ein großes Reich eroberte. 146 v. Chr. bezwangen die Römer Griechenland und verleibten es ihrem Imperium ein.

Alexander der Große

Richtig oder Falsch?

Die Griechen waren großartige Erzähler.

RICHTIG. Berühmte Werke sind die „Ilias“ und die „Odyssee“, Erzählungen über Krieg, Helden, Götter und mythische Wesen.

Zeus und Hera waren die einzigen Götter der Griechen.

FALSCH. Die Griechen glaubten an zahlreiche Göttinnen und Götter, wie Aphrodite (Göttin der Schönheit und Liebe) und Ares (Kriegsgott).

Wann wurde Stonehenge erbaut?

Lokale Stämme im Süden Englands begannen um 2100 v. Chr. damit, große Steinkreise zu errichten. Die Kreise entstanden in Etappen, es war Schwerstarbeit, und man brauchte hunderte von Jahren bis zur Vollendung. Der größte Stein wog so viel wie zehn Elefanten. Forscher glauben, Stonehenge war ein Ort für religiöse Zeremonien, vielleicht zur Anbetung von Sonne und Mond.

Stonehenge

Chinesische Mauer

Wer erbaute die Chinesische Mauer?

Qin Shi Huangdi war ein mächtiger chinesischer Kaiser, der andere Herrscher unterwarf und ein großes Reich regierte. Um 220 v. Chr. ordnete er den Bau der Großen Mauer an. Nach seinem Tod wurde er in einem riesigen Grab zusammen mit über 6000 lebensgroßen Tonfiguren von Soldaten und Schlachtrössern beerdigt.

Richtig oder Falsch?

Stonehenge wurde allein mit Muskelkraft errichtet.

RICHTIG. Pferde und Karren kamen nicht zum Zuge. Die großen Steine wurden nur von Menschen transportiert.

Die chinesische Mauer kann man aus dem All sehen.

RICHTIG. Sie ist mit über 6000 km das längste Bauwerk der Welt.

Welche Babys wurden von einer Wölfin aufgezogen?

Die Römer glaubten, ihre Hauptstadt Rom in Italien wäre 753 v. Chr. von Romulus, einem Sohn des Kriegsgottes Mars gegründet worden. Römische Legenden erzählten, wie Romulus und sein Zwillingsbruder Remus als Babys ihrer Mutter gestohlen und in den Fluss Tiber geworfen wurden. Angeblich rettete eine Wölfin die beiden, sie säugte und behütete sie wie ihre eigenen Jungen.

Romulus und Remus mit der Wölfin

Warum wurde Julius Cäsar erstochen?

Der römische Herrscher Julius Cäsar wurde 44 v. Chr. von Senatskollegen ermordet. Sie befürchteten, er wolle die demokratische Ordnung stürzen und sich zum König ausrufen. Schließlich bekamen die Römer doch eine Art König, als 27 v. Chr. Augustus der erste römische Kaiser wurde.

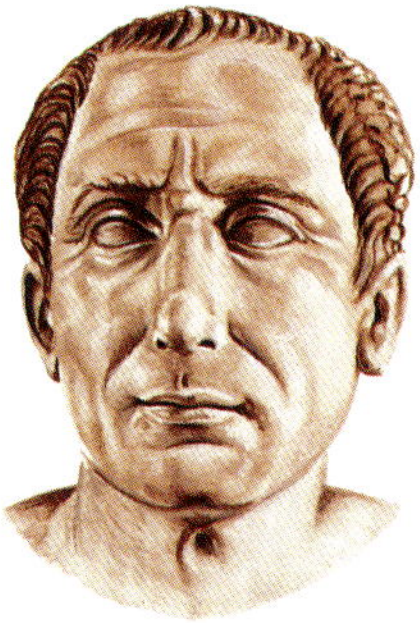

Julius Cäsar

Die Ermordung Cäsars

Richtig oder Falsch?

Cäsar besetzte Britannien.

RICHTIG. Er eroberte Gallien und fiel zweimal in Britannien ein.

Julius Cäsar baute den Limes.

FALSCH. Diese Grenzbefestigung wurde erst zwei Jahrhunderte später begonnen.

Schildkröte

Was machten römische Soldaten mit Schildkröten?

„Schildkröte“ hieß eine römische Angriffsformation. Die Soldaten bildeten mit ihren Schilden eine Art Panzer, der sie vor den Waffen der Feinde schützte.

Wie waren römische Soldaten bewaffnet?

Sie kämpften mit Schwertern und Speeren. Ihr Panzer bestand aus Helm, Brustpanzer und natürlich einem Schild.

Was taten die Soldaten, wenn sie nicht kämpften?

Das Leben in der römischen Armee war hart. Wenn sie nicht kämpften, mussten die Soldaten Straßen bauen. Mit speziellen Instrumenten berechneten die Ingenieure die kürzeste, möglichst direkte Route. Die schnurgeraden Römerstraßen sind berühmt.

Straßenbau

Richtig oder Falsch?

Die Römer erfanden den Beton.

RICHTIG. Das Baumaterial war so stabil, dass viele ihrer Straßen, Brücken und Gebäude noch heute stehen.

Römische Soldaten aßen Spaghetti.

FALSCH. Die waren damals noch nicht erfunden, sie aßen Schinken, Käse und Brot.

Traten im Zirkus Clowns auf?

Nein, im Circus Maximus in Rom fanden vor allem Wagenrennen statt.

Wie bei den heutigen Fußballspielen strömten tausende zusammen, um ihr Team anzufeuern. Die Teams trugen keine Namen, sondern bestimmte Farben: Blau, Rot, Grün und Weiß.

Wer zeigte den Gladiatoren den Daumen?

Ein anderes beliebtes Freizeitvergnügen war der Besuch von Gladiatorenkämpfen im Amphitheater. Gewöhnlich gab es Zweikämpfe, und der besiegte Gladiator wurde getötet. War das Publikum guter Laune, reckte es die Daumen nach oben, um dem Besiegten das Leben zu schenken.

Richtig oder Falsch?

Gladiatoren kämpften mit wilden Tieren.

RICHTIG. Sie standen Pantern, Leoparden und sogar Bären gegenüber.

Nur Männer kämpften als Gladiatoren.

FALSCH. Auch einige Frauen, Kriminelle oder Kriegsgefangene kämpften mit.

Warum wohnten die Römer in Hochhäusern?

Als der Platz in großen Städten wie Rom knapp wurde, bauten die Hausbesitzer in die Höhe. Manche Mietshäuser hatten sechs Etagen. Berüchtigt war die schlechte Bauqualität der römischen Mietshäuser.

Römische Stadthäuser

Römisches Hochzeitspaar

Wann wurden Mädchen verheiratet?

Oft schon bei ihrem zwölften Geburtstag. Ab 7 Jahren gingen Mädchen und Jungen aus wohlhabenden Familien zur Schule – die Mädchen, bis sie 11 Jahre alt waren, Jungen bis zum Alter von 16 bis 18 Jahren.

Was geschah mit den Römern?

Auf dem Höhepunkt ihrer Macht um 100 n. Chr. beherrschten die Römer weite Teile Europas, des Nahen Ostens und der nordafrikanischen Küste. Ihr Imperium begann zu bröckeln. Stämme aus dem Norden und Osten griffen an, und 476 n. Chr. erklärte sich der germanische Heerführer Odoaker zum König von Italien.

Zerstörung Roms

Richtig oder Falsch?

Reiche Leute lebten nicht in Wohnungen.

RICHTIG. Sie bauten sich luxuriöse Villen mit Fußbodenheizung, Wandgemälden und gefliesten Böden.

Die Römer aßen gefüllte Haselmäuse.

RICHTIG. Die reichen Römer liebten exotische Speisen, die sie auf Sofas liegend zu sich nahmen.

Register